시스템과 테크닉에 관한 연구

BILLIARD ATLAS
빌리어드 아틀라스

월트 해리스 저 / 민창욱 역

제1권

일신서적출판사

THE BILLIARD ATLAS
P.O Box 321426
Cocoa Beach, Florida 32932-1426

http://www. Billiardatlas. Com
e-mail : wharris@billiardatlas.com

   독자 여러분의 경기력 향상에 어떤 시스템이 도움이 될지 장담할 수 없지만, 롱앵글&쇼트앵글 시스템을 습득하면 즉시 효과를 볼 수 있을 것입니다.
   다음으로 유용한 시스템이 플러스 시스템인데, 빈쿠션치기에는 다소 어려움이 있지만 플러스 각을 계산하는 경우엔 톡톡히 효과를 볼 수 있습니다.
   상대방의 디펜스를 넘어서려면 정확한 빈쿠션치기는 필수입니다. 고로 '기준트랙' 시스템은 반드시 암기해야 할 사항입니다.
   이 모든 시스템을 소화하는 데는 시간이 걸릴 테지만, 한번 습득하고 나면 그 정확성에 여러분 자신도 놀랄 것입니다.
   이 책에서 소개한 내용은 당구 전반에 걸쳐 사용되는 시스템 중 일부만을 담아낸 것입니다.
   특히 필자는 공을 다루는 기술보다는 쿠션 시스템에 더욱 주안점을 두었는데, 시스템을 전혀 사용하지 않는 선수들이 보다 흥미를 가지고 접할 수 있을 것 같았기 때문입니다.
   필자는 본저에 관한 교정, 건의사항, 코멘트 등을 기꺼이 받고자 합니다.

저작권자 월트 해리스(1991년 획득).

미국에서 출판.

이 책에 관한 모든 권리는 저자에게 있습니다. 저자의 허락 없이는 책의 어느 부분도 녹화나 디지털 사진 촬영 등을 통하여 무단으로 복제, 유포 혹은 인터넷 게재를 할 수 없습니다.

다음은 미국과 저작권 협정을 맺은 세계 여러 국가들입니다.

아르헨티나, 오스트리아, 벨기에, 볼리비아, 브라질, 체코 슬로바키아, 칠레, 중국, 콜롬비아, 코스타리카, 크로아티아, 덴마크, 에콰도르, 엘살바도르, 프랑스, 독일, 그리스, 과테말라, 네덜란드, 온두라스, 헝가리, 이탈리아, 일본, 니카라과, 페루, 포르투갈, 필리핀, 폴란드, 스페인, 러시아, 태국, 터키, 베네수엘라, 베트남, 유고슬라비아, 대한민국

1991년 5월 미국에서 초판 인쇄

머 리 말

　중학교 2학년 때, 당구장은 불량 학생들이나 다니는 곳이라며 만류하던 저를 친구들이 억지로 끌고 들어가던 기억이 아직도 생생합니다. 그리고 그 날 이후로 제 삶은 많이 바뀌었습니다. 수업이 끝나면 언제나 당구장으로 향했고, 머리 속에는 늘 당구대를 그리며 지냈습니다. 그 과정에서 여러 사람을 만났고, 많은 것을 배웠고, 늘 성장하려고 노력했습니다. 당구는 제게 많은 인생의 교훈을 가르쳐 주었습니다. 항상 겸손하게 행동하고, 상대방을 존중할 줄 알고, 매 순간 집중하며, 현재에 안주하지 말고 끝없이 도전해 나가라고 말입니다.

　당구를 좋아하는 사람들은 순수합니다. 나이 · 직업 · 사상을 막론하고 당구를 치는 그 순간만은 모두 하나가 됩니다. 게임 중에는 어린 아이가 되어 공 하나 때문에 웃고, 좌절합니다. 게임이 끝나면 서로 경기 내용에 관해서 복구해 보고, 의견을 교환합니다. 많은 경우 경기는 술자리로까지 이어져 공에 대한 난상토론이 시작됩니다. 그리고 비틀거리며 다시 당구장으로 들어와서는 아까 나누었던 얘기들을 당구대 위에서 다시 풀어봅니다. 이렇게 진정으로 당구를 즐기는 많은 분들에게, 이 책이 조금이나마 도움이 되었으면 좋겠습니다.

　『빌리어드 아틀라스』에서는 저자인 월트 해리스씨가 수십 년간 세계 각국에서 수집한 여러 가지 시스템과 테크닉을 소개하고 있습니다. 특히 저자는 구(舊) 다이아몬드 시스템의 문제점을 분석하고, 보다 '정확한' 시스템을 정립하고자 노력했습니다. 그는 각 시스템마다 수구의 속도 / 당점 / 스트로크를 표준화하여 적용했는데, 이 기준에 맞춰 꾸준히 연습하다 보면 좋은 결과가 있을 듯 싶습니다. 뿐만 아니라 브리지, 그립, 정신력 등 당구 전반에 걸쳐 다양한 내용을 수록하고 있으니 많은 도움이 될 것입니다. 간혹 난해한 용어나 문구가 있다면 www.club.cyworld/billiardatlas 로 문의해 주십시오. 최선을 다해 답변해 드리겠습니다.

❖❖❖

이 책이 출판되기까지 많은 분들의 도움이 있었습니다. 우선 6개월 동안 제게 번역을 지도해 주신 세종 번역 전문 학원 하승주·한태영 선생님, 실제 번역 과정에 큰 도움을 준 우리 18의무사 본부중대 카투사·미군 동료들(특히 김강민 상병, Risty Thompson)에게 감사의 말을 전합니다. 또한 제가 이해하지 못했던 부분들을 친절하게 이메일로 설명해 준 저자 월트 해리스씨와, 출판에 힘써주신 일신서적출판사 관계자 분들께도 감사드립니다.

❖❖❖

또한 제게 당구를 가르쳐 준 분들…… 당구 아카데미 손형복 원장님, 양귀문 프로님, 유재영 프로님, 효광중학교 앞 25시 당구장 사장님, 광주일고 앞 벨기에 당구장 사장님, 동일 당구장 사장님, 고려대학교 앞 캠퍼스 당구장 사장님, 큐 당구장 사장님, 멋쟁이 FM 당구장 사장님, 그리고 제게 당구뿐만 아니라 인생을 가르쳐 주신 제 영원한 스승 Y2K사장님께 진심으로 감사드립니다.

❖❖❖

마지막으로 당구를 좋아하지 않았던 그녀에게 이 책을 바칩니다.

2006년 6월 30일
역자 민 창 욱

목 차

서 문 ▶ 9

Chapter 1 데드볼 시스템 ▶ 21
(Dead Ball System)

Chapter 2 구멍치기 ▶ 41
(Cocoa Beach Tickie Tracks)

Chapter 3 롱앵글 & 쇼트앵글 시스템 ▶ 51
(Long and Short Angle Systems)

Chapter 4 플러스 시스템 ▶ 81
(Walt's Basic Plus System)

Chapter 5 다이아몬드 시스템 ▶ 97
(Diamond and Track Systems)

Chapter 6	새로운 교정선과 오차 조정 (Walt's New End Rail Alignment and Allowances)	▶ **131**
Chapter 7	더블쿠션 (Across the Table)	▶ **149**
Chapter 8	원쿠션 걸어치기 (Chicago First Rail Tracks)	▶ **159**
Chapter 9	키스와 포지션 플레이 (Kisses and Position)	▶ **175**

스리쿠션과 포켓볼 ▶ **195**
시스템의 응용 ▶ **198**
찾아보기 ▶ **206**
용어 정리 · 번역 용어 ▶ **208**
저자 후기 · 부탁의 말 ▶ **210**
추천의 글 ▶ **212**

서 문

포켓볼 선수들을 위한 스리쿠션 입문서

스리쿠션 선수가 갖추어야 할 신형 무기 창고

감사의 글

이 책을 출판하는 데 도움을 준 많은 스리쿠션 선수들께 감사드립니다. 비단 아래 언급한 분들뿐만 아니라, 정보를 수집하고 확인하는 과정에서 실례를 끼쳤던 많은 분들께도 감사의 마음을 전합니다.

미국당구협회(USBA, The United States Billiard Association)의 기록과 『빌리어드 다이제스트(Billiard Digest)』에서 발췌한 자료들도 매우 유용하게 쓰였습니다.

조시 애스비(George Ashby) | 전미 스리쿠션 챔피언

시드 배너(Sid Banner) | 베테랑 선수

리차드 비탈리스(Richard Bitalis) | 세계 정상급 스리쿠션 선수, 전 프랑스 챔피언

웰커 코크란(Welker Cochran) | 당구계의 전설

크리스 크리스만(Chris Chrisman) | 당구장 경영인

마이크 도넬리(Mike Donnelly) | 베테랑 스리쿠션 선수

돈 피니(Don Feeney) | 미국 스누커 국가대표

조지 펠스(George Fels) | 포켓볼 & 스리쿠션 저술가

캐로스 핼론(Carlos Hallon) | 전미 스리쿠션 챔피언

딕 라공글(Dick LaGongle) | 시카고 소속 스리쿠션 선수

이상천(Sang Lee) | 미국 스리쿠션 챔피언, 세계 챔피언

빌 말로니(Bill Maloney) | 정상급 스리쿠션 선수

레이 마틴(Ray Martin) | 전 포켓볼 챔피언

토마스 쇼우(Thomas Shaw) | 포켓볼 저널리스트

빌리 스미스(Billy Smith) | 정상급 미국 스리쿠션 선수

멀 스미스(Merle Smith) | 베테랑 스리쿠션 선수
칼 스트라스버거(Carl Strassburger) | 미국당구협회 총재
댈러스 웨스트(Dallas West) | 전 US오픈 챔피언
버니 위센그라드(Bernie Wishengrad) | 베테랑 스리쿠션 선수
조 벤트렐리(Joe Ventrelli) | 베테랑 스리쿠션 선수

데니스 해리스(Dennis Harris) | 후원자

소개의 글

1988년 처음 시스템에 흥미를 갖게 되면서부터, '시스템 수집가'가 되어보겠다는 꿈이 마음 한편에 자리잡았습니다. 하지만 시스템다운 시스템을 보유한 선수를 찾기가 쉽지 않았고, 기존 시스템 중 상당수도 비효율적인 것들이었습니다.

저는 지난 20년 동안 시스템을 사용해 오면서 기존의 다이아몬드 시스템과 플러스 시스템에 회의를 느끼게 되었습니다. 4~50년 구력을 가진 선수들도 대부분 위의 시스템에 대해 객관적인 해석을 내놓지 못한 채, 자기 나름의 방식으로만 이해하고 있을 뿐이었습니다. 심지어는 정상급 선수들조차도 성공 확률이 낮다는 이유로 빈쿠션치기를 꺼려했습니다. 시스템에 대한 다양한 의견만이 분분할 뿐, 손쉬운 해결책은 없는 듯 보였습니다.

수구를 원하는 방향으로 보내기 위해 수구의 회전과 속도를 조절한다는 것이 당구 초심자들에게는 이상하게 들릴지도 모릅니다.

하지만 보다 객관적인 시스템을 만들기 위해 수구의 회전과 속도를 표준화하는 실험을 실시하고, 이에 따른 수구의 진행 방향을 파악하여 실전에 적용해 보는 건 어떨까요?

이 실험은 몇 년 동안 계속되었고, 여러 당구대에서 다양한 선수들의 스트로크를 대상으로 실시되었습니다. 많은 정상급 선수들이 도움을 준 끝에 결국 '기준 트랙(Basic Track)' 시스템이 탄생하게 되었습니다. 각 당구대의 포인트를 이용하여 '수치(value)'[1]가 결정되었고, 대부분의 경우 이 '수치'는 당구대의 길고 짧아지는 정도에 따라 조금씩 달라지게 됩니다.

저는 처음에 롱앵글 & 쇼트앵글 시스템 몇 가지를 배웠는데, 미숙했던 제 경기력 향상에 큰 도움이 되었습니다. 이후에 저는 데드볼 시스템을 공부했고, 정확도가 많이 높아졌습니다.

이로 인해 저는 시스템에 점점 흥미를 갖게 되었습니다. 지난 몇 년 동안 다양한 시스템과 테크닉을 수집했는데, 각각의 시스템에 따라 쿠션의 포인트에 지정되는 숫자가 달라집니다. 또한 적용되는 수구의 회전, 브리지, 스트로크도 천차만별이므로 이 책을 통해 명확히 정리하시기 바랍니다.

로버트 번(Robert Byrne)씨가 당구계에 남긴 업적은 전무후무합니다. 그의 책 『당구 집대성 (Byrne's Standard Book of Pool and Billiards)』에서도 나타나듯, 그는 다루지 않은 당구 분야를 찾기 힘들 정도로 방대한 분량의 저작을 남겼습니다.

저는 번의 쇼트앵글 트랙이 갖는 중요성 때문에 실례를 무릅쓰고 이 책에서 인용하였습니다.

미국 내 일부 지역에선 당구 선수들끼리 시스템이나 테크닉 등에 관하여 상호 의견을 교환하고 있습니다. 하지만 그렇지 않은 지역도 많습니다. 저는 이러한 의사소통의 부재로 인해 정상급 선수들의 지식이 중하위권 선수들에게 전달되지 못하고 있지는 않나 걱정입니다.

또한 중하위권 선수들은 배우는 것보다 가르치는 것에만 더욱 열중하는 것 같습니다. 아니, 새로운 지식이 자연스레 보급되기만을 기다릴 뿐 앞장서서 배우려고 노력하지 않습니다.

각종 유용한 지식이 전파되지 않는 데는 또 다른 이유가 존재합니다. 정상급 선수들이 자신들의 지위를 보호하기 위함이 아닐까요? 하점자는 고점자가 될 권리가 없는 것입니까? 하지만 왜 관심도 없는 선수에게 쉽게 쉽게 지식을 건네줘야 합니까? 그렇다고 해서 고점자들이 얻는 대가는 도대체 무엇입니까?

위의 주장에도 일리는 있습니다만, 만약 그 지식을 얻기 원하는 선수가 있다면요? 어디서, 어떻게 그가 원하는 지식을 얻을 수 있을까요?

물론 이 책이 그의 궁금증을 해결해 줄 수 있을 겁니다!

---

1 역주) 이 책에서 수치(value)는 계산을 통해 도출된 값(대개 3쿠션 지점의 수)을 의미합니다. 쿠션의 포인트마다 임의로 설정된 숫자(number)와 구별해 주시길 바랍니다.

당구대 파악(Table ID)

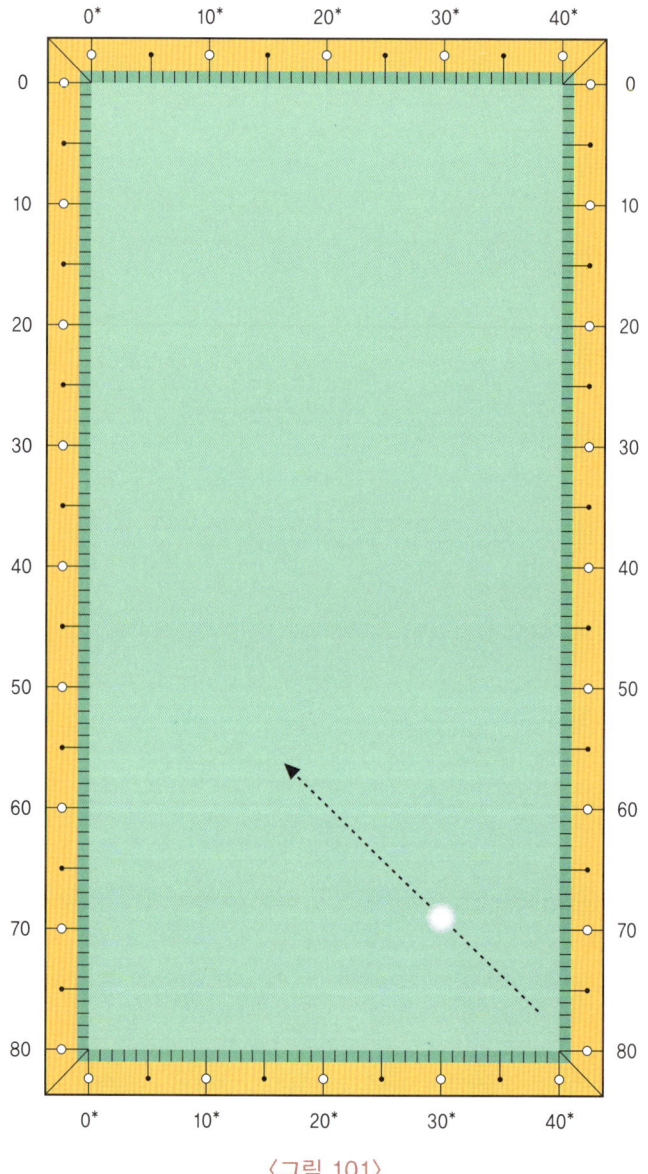

〈그림 101〉에 보이는 것이 쿠션의 기본 숫자(number)이다. 이는 다른 시스템에서의 숫자와 전혀 관련이 없다. 현재 수구 수는 코너인 80 혹은 40*이다. 그리고 이 책에서 소개할 시스템들마다 쿠션의 수가 각각 달라진다.

〈그림 101〉

수구 표기법(Cue ball Notation)

<그림 102>는 팁의 위치를 어림잡아 나타낸 것이다.

무엇보다 중요한 것은 수구를 일정하게 스트로크하여 몇 쿠션을 돌고 난 후에도 정확히 원하는 지점에 보낼 수 있어야 한다는 것이다.

공을 '때리는' 것이 아니라, 정확히 '스트로크' 할 수 있는 능력이 필요하다. 과도한 손목 사용도 바람직하지 못하다.

당점에 따라 수구의 진행 방향에 오차(커브, 스쿼드 등)가 생기는데, 그 오차는 대략 수구에 부여한 당점의 반팁 정도이다. 수구를 정확히 스트로크하지 못하거나, 과도하게 손목을 사용할 경우 오차는 더욱 커진다.

수구의 속도(Rail Speed)란 수구가 부여된 숫자의 쿠션만큼 돌아나올 수 있는 속도(힘)를 말한다(예 : 수구의 속도가 4일 경우 수구는 4쿠션까지 돌고 5쿠션에 맞기 전에 멈춰야 한다).

※ **주의사항** 이 책에서는 진로(path)대신에 트랙(track)을, 수구의 회전(cue ball spin)이나 수구의 작용(cue ball effect) 대신에 당점(english)이란 단어를 사용하였다.

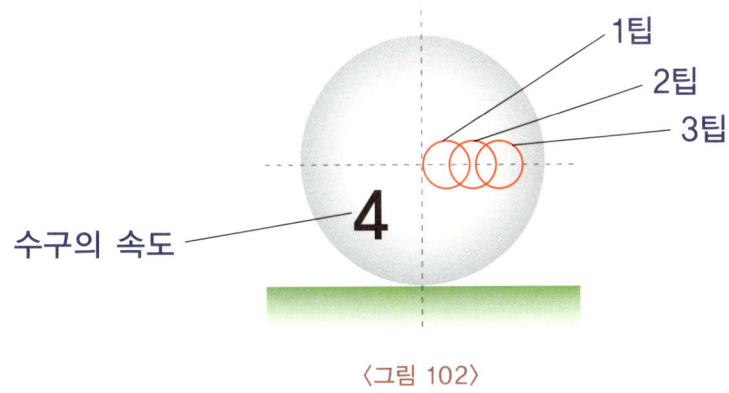

<그림 102>

조지 펠스씨로부터

역대 포켓볼 선수 중 가장 위대하다고 꼽히는 **루서 라시터**(Luther Lassiter)는 말년에 이런 말을 남겼다.

"지난 50년 동안 당구를 쳐 왔는데, 이제야 브레이크샷이 뭔지 알겠다." "그 비법이 무엇입니까?" 열의에 찬 눈으로 한 청년이 물었다. "그건 말해줄 수 없다네."

요지는 포켓볼이나 스리쿠션 선수들 대부분이 부부관계의 비밀은 말해줄지언정 시스템이나 테크닉에 관한 비법은 좀처럼 설명해 주지 않는다는 것이다. 『빌리어드 아틀라스』는 시스템과 테크닉에 대한 다양한 선수들의 비법을 몰래 빼돌려 왔으며, 언뜻 보기엔 복잡한 스리쿠션 시스템 같아도 실제로는 대부분이 포켓볼에서도 즉각 적용 가능한 것들이다.

한 예로 라시터의 주 종목이었던 나인볼에서는, 장축에 붙어 있는 목적구를 포켓시키고 수구는 당구대 반대편으로 보내야 하는 상황이 자주 발생한다(많은 경우 수구를 단축-장축-단축으로까지 보내야 한다). 단순히 목적구를 포켓시키는 건 어렵지 않다. 아니, 오히려 더 쉬울 것이다. 대부분의 선수들이 헷갈려하는 것은 바로 예측 불가능한 수구의 진행 방향이다. 이 책은 당신이 그 퍼즐의 답을 찾을 수 있도록 도와줄 것이다. 수구가 어떤 위치에 있건 말이다.

포켓볼 동호인들이 즐겨하는 게임 중 하나가 바로 '원포켓'이다. 이 게임은 수구를 안전한 지점에 위치시키는 것이 최대 관건이다(수준급 선수들의 경기에서는 오픈샷 찬스가 3세트에 한 번 나오기도 힘들기 때문이다). 수구의 안전한 지점을 발견하고도 어떻게 보내는지 몰라 고민한 적이 있는가? 이 책이 당신에게 도움을 줄 것이다.

간단히 말하자면 스리쿠션에서는 수구를 일정한 지점으로 보내는 능력이 요구된다. 그리고 포켓볼에서는 어느 종목이건 간에 수구를 원하는 지점에 세워놓을 수 있는 능력이 요구된다. 수구의 진행 원리를 이해한다면, 두 경우 모두에 있어서 당신의 경기력은 월등히 향상될 것이다. 『빌리어드 아틀라스』를 읽고 실력이 일취월장하길 바란다.

당구공과 쿠션(Balls & Rails)

당구공이나 쿠션의 상태가 조금만 달라져도 수구의 진로가 바뀐다. 다음은 포인트 계산에 영향을 주는 요인들이다.

실리콘칠된 당구공
왁스끼가 있는 당구공(잘 닦여지지 않은 것)
새 당구공
더러운 당구공
새로 천을 입힌 쿠션
낡은 천의 쿠션
제대로 조립되지 않은 쿠션(특히 코너 부분)
기울어진 당구대
습도
온도

만일 누군가가 독일제 당구공을 꺼내며, 일반 당구공에 익숙한 당신에게 내기시합을 신청한다면? 괘념치 말라. 50이닝 후엔 당신도 공의 차이에 익숙해져 있을 것이다.

당구공은 브랜드에 따라 1적구와의 분리각이 달라지는데, 끌어치기나 밀어치기의 경우가 특히 그렇다.

필자는 한 챔피언 선수가 경기 전에 당구공의 실리콘을 닦아버리는 모습을 보았다. 또한 다른 챔피언이 60점을 올릴 때마다 공에 얇게 실리콘칠을 하여 사용하는 모습도 보았다. 요지는 즉 공에 따라 분명히 차이가 있다는 것이다.

당구대의 슬라이드 측정(Measuring Table Slide)

당구대 쿠션의 천을 새로 갈았을 경우 공은 평소와는 다르게 분리된다. 새 공을 사용할 때도 마찬가지이다. 시스템이나 테크닉을 정확히 적용하기 위해서는 당구대의 슬라이드(미끌림)나 당구대의 속도같이 장비들에 대한 정보가 필요하다.

오른쪽 그림은 하단 단축 중앙에서 상단 단축 중앙을 향해 수구를 굴렸을 때 나타나는 수구의 진로이다. 맥시멈 회전을 주고 큐가 수평을 이룬 상태에서 수구를 끝까지 밀어 보았다.

칼끝을 기준으로 양쪽 단축 사이를 오가는 수구의 거리를 측정해 보자. 오른쪽 그림에서는 상단 O쿠션에서 좌로 2포인트 움직인 후 하단 P쿠션으로 1.6포인트 움직였으므로, 총 슬라이드는 3.6이 된다. 당신이 사용하는 당구대의 슬라이드를 측정해 보라.

세계적인 경기가 열리는 당구대는 슬라이드가 2.7에서 3.1까지 다양하다. 수치를 계산할 때 슬라이드에 따라 당연히 차이가 날 것이다. 잘 미끄러지고 공이 구르는 속도가 빠른 당구대일수록 좋다.

당구대의 슬라이드는 증가시킬 수 있다. 권장된 세척제를 사용하여 공을 깨끗이 닦고, 당구대 쿠션의 천을 자주 바꾸라. 또한 당구대를 항상 따뜻하게 유지하라.

위의 사항들을 시행하면 후회하지 않을 것이다. 당구대의 슬라이드가 증가하면 득점 확률도 높아지고 수구의 회전 시간도 길어지기 때문이다. 속도가 빠른 당구대에서 수준 높은 경기가 이뤄지는 것도 이와 같은 맥락이다.

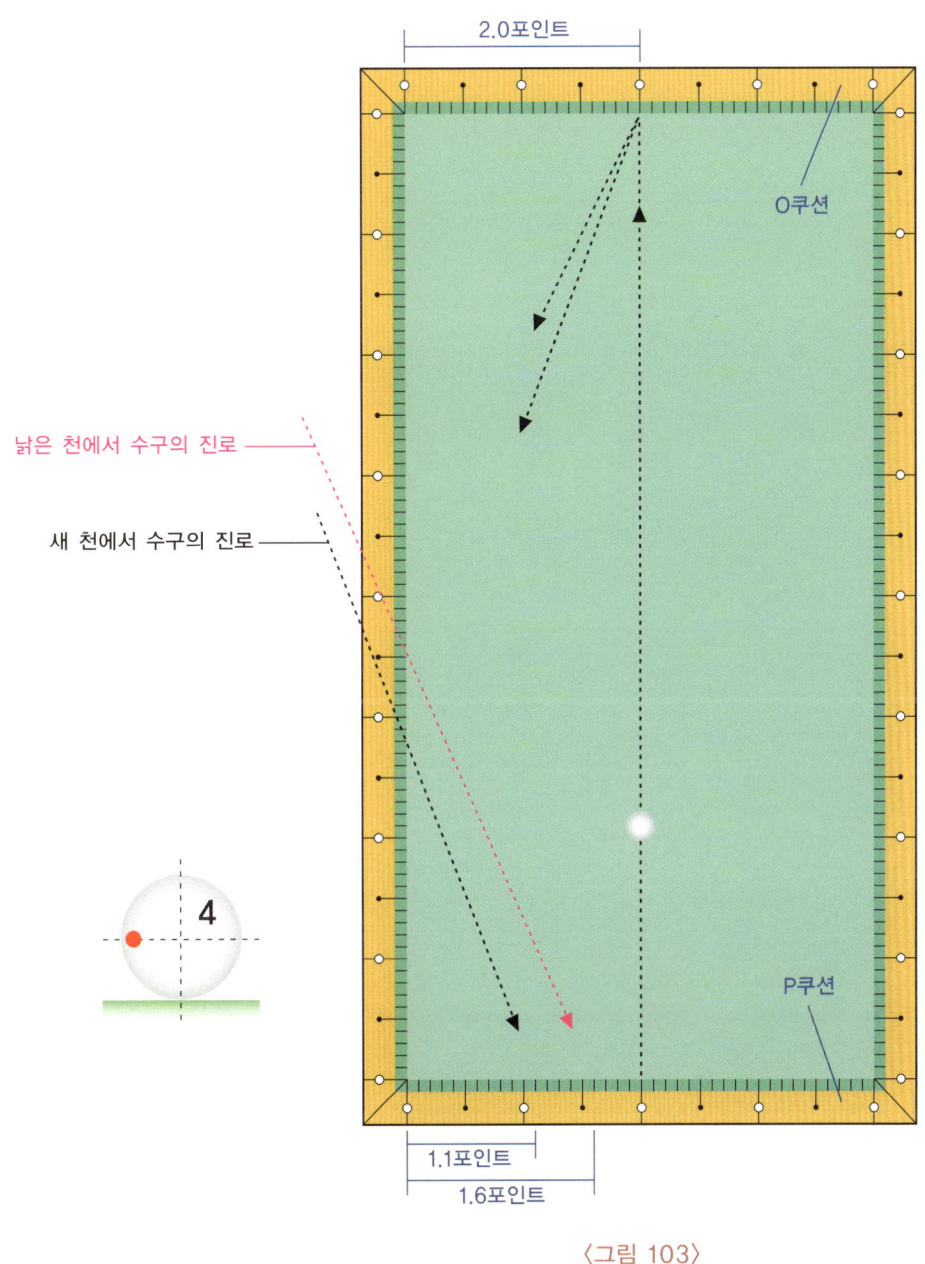

〈그림 103〉

Billiard ATLAS

Billiard ATLAS Chapter 1

데드볼 시스템 [2]
Dead Ball System

앞으로 소개할 데드볼 시스템 몇 가지는 득점 확률이 현저하게 높은 것들이다. 정확한 스트로크가 뒷받침될 때 신비의 문은 열릴 것이다.
널리 알려져 있는 '입사각-반사각' 시스템은 너무나 명확한 관계로 여기서 소개하지 않는다.
돈 피니(Don Feeney)씨가 이 장을 검토하고 포켓볼에서 데드볼 시스템의 중요성도 설명해 주었다.

- 투쿠션 안으로 걸어치기
- 시드 시스템
- 시드 시스템의 변형 1
- 시드 시스템의 변형 2
- 시카고 엔드 레일 시스템
- 시카고 시스템의 예
- 버니의 데드볼 시스템의 트랙
- 라공글의 짧은 브리지
- 포켓볼에 관하여

---

2 역주) 노잉글리쉬 시스템(No-English system)으로 알려져 있다.

투쿠션 안으로 걸어치기
Dead Ball Tickie

▶〈그림 104〉과 같은 배열에서 수구의 1쿠션 지점을 찾기 위해 이 시스템이 창안되었다.

▶ 수구의 오른쪽 면이 장축 30포인트에 맞아야 득점에 성공할 수 있다.

▶ 남부 플로리다 출신의 **시드 배너(Sid Banner)** 선수가 이 주옥 같은 시스템을 전수해 주었다.

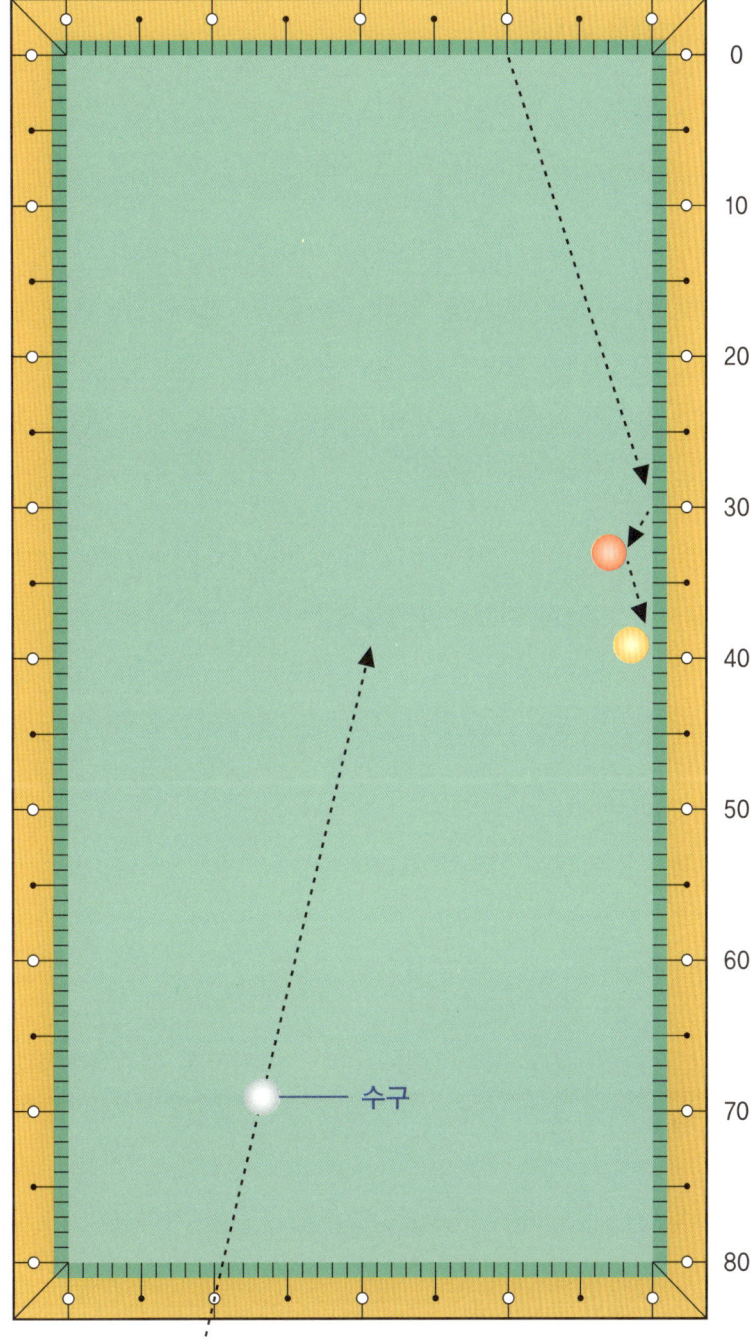

〈그림 104〉

DEAD BALL SYSTEM

시드 시스템
System Sid

▶ 이 시스템은 수구의 1쿠션 지점을 찾기 위해 고안되었다.

▶ 두 번째 쿠션에 새로운 숫자를 부여했다(N쿠션). 그러므로 2쿠션 지점은 앞 장처럼 30이 아니라 2.5가 된다.

▶ 수구 아래쪽 단축(O쿠션)에 박혀 있는 포인트는 1쿠션 지점과 수구의 시발점을 측정하는 데 사용된다.

▶ O쿠션의 포인트들은 X에서 떨어진 순서대로 2.5씩 수치가 부여된다(이는 2쿠션의 지점의 수치와 동일하다).

▶ 그러므로 수구의 시발점이 A, B, C 중 어느 것이냐에 따라서 1쿠션 지점이 다음과 같이 결정된다. A일 경우 2.5, B일 경우 5, C일 경우 7.5

▶ 25쪽의 그림에서 1쿠션 지점은 이제 7.5로 결정되었다.

▶ 만약 수구의 시발점이 A였다면, 1쿠션 지점도 2.5가 되었을 것이다.

▶ 스트로크가 매우 중요한데, 수구에 옆회전을 주면 안 된다. 마치 뱅킹을 하듯 부드럽게 공을 굴려라. 당점은 중상단이다.

▶ 돈 피니는 수구 중앙에서 12mm정도 위를 쳐야 한다고 주장한다.

▶ 미세한 조정이 필요할지도 모르니 각자의 당구대에서 확인해 보기 바란다.

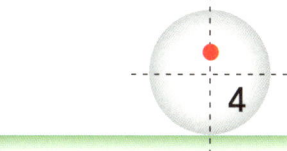

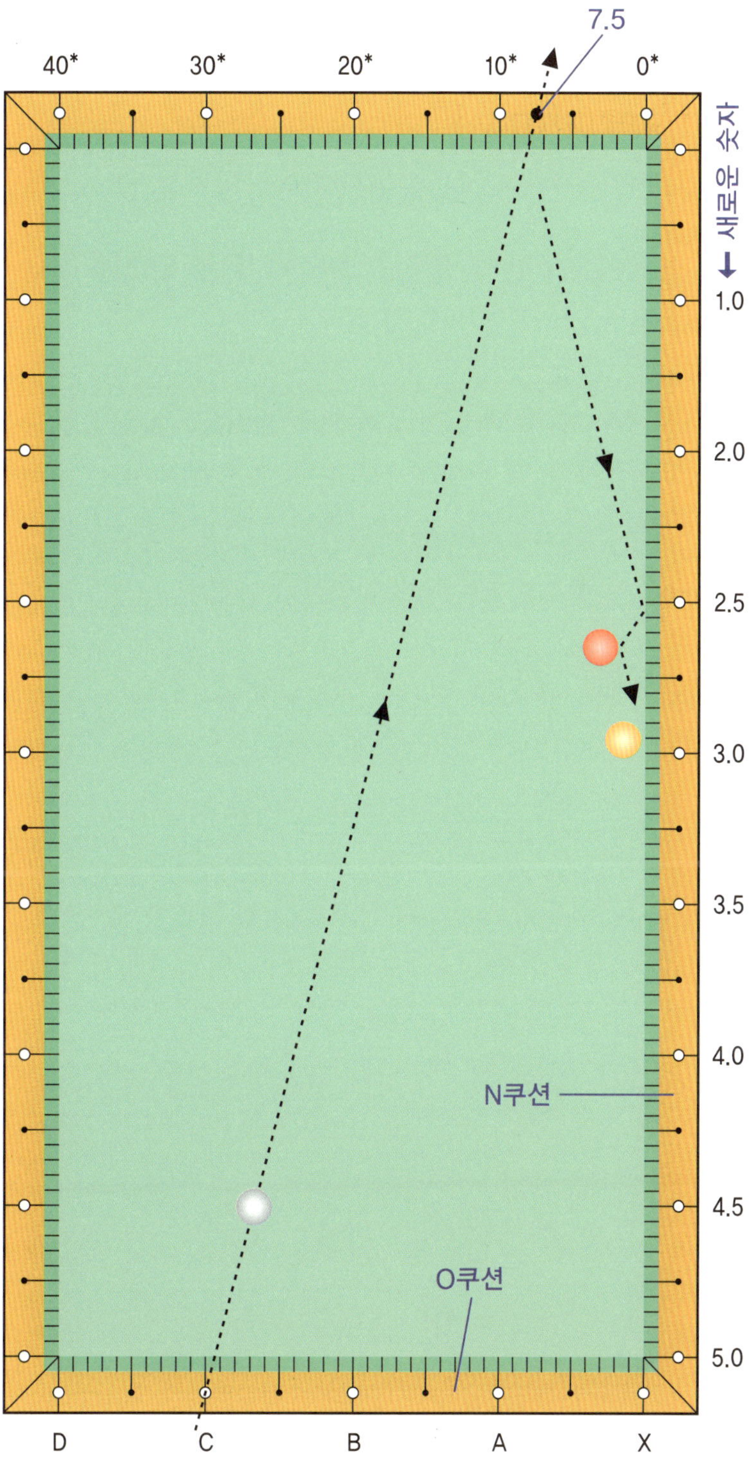

〈그림 105〉

DEAD BALL SYSTEM 25

시드 시스템의 변형 1
Sid Variation 1

▶ 이 변형된 시스템의 골자는 2쿠션 지점을 단축에 두는 것으로, 수구가 단축과 단축 사이를 왕복하게 된다.

▶ <그림 106>에서 수구의 시발점은 D이다. 수구가 상단 단축에 맞고 다시 하단 단축에 맞게 하려면 장축의 수가 5.0 이상이 되어야 한다.

▶ 장축의 수를 5.5 정도로 설정한다면 오른쪽 그림에서 득점할 수 있다.

▶ D는 X에서 4포인트 떨어져 있으므로 4×5.5=22, 즉 1쿠션 지점은 22가 된다.

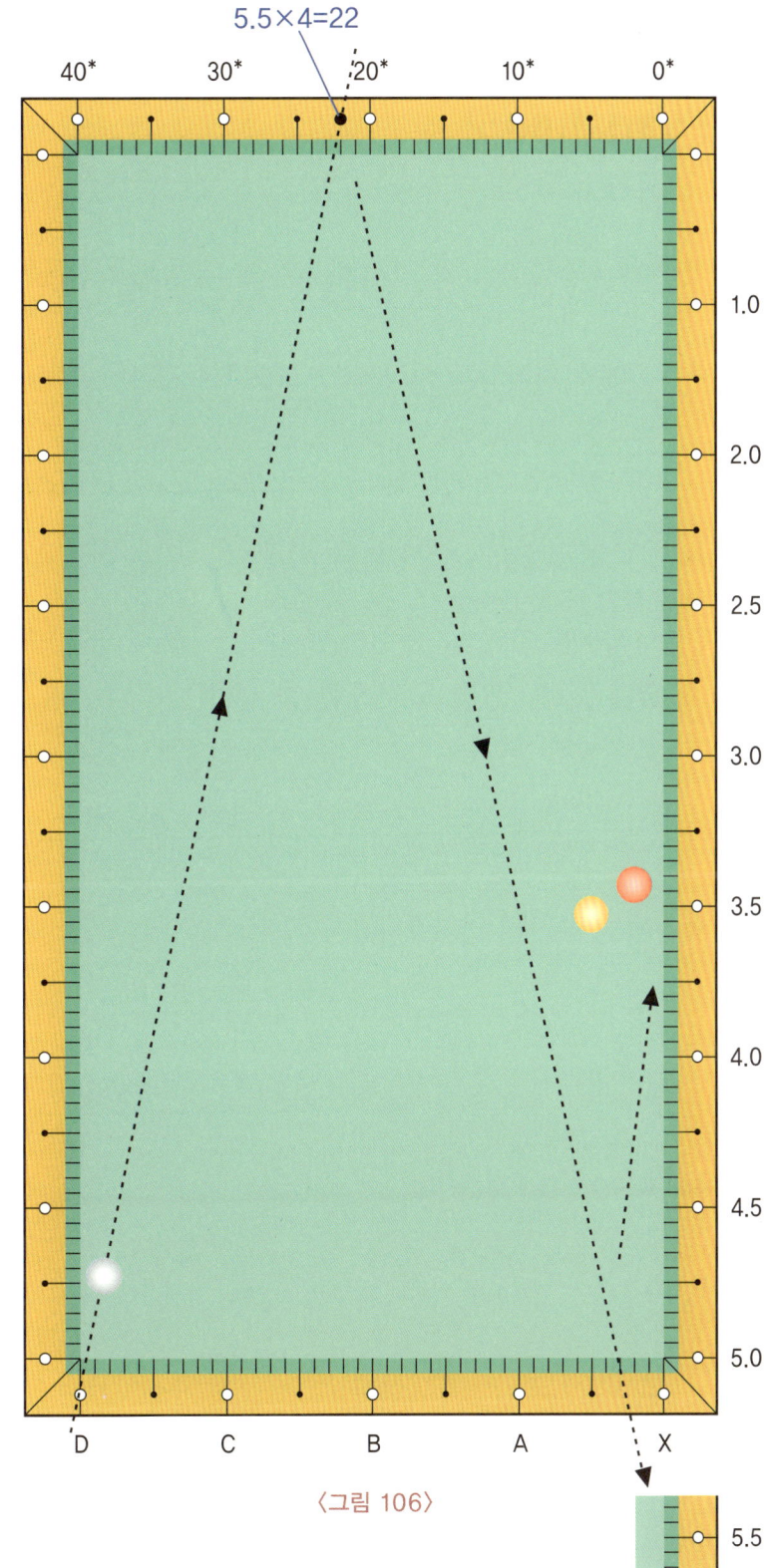

〈그림 106〉

DEAD BALL SYSTEM

시드 시스템의 변형 2
Sid Variation 2

▶ 이 변형된 시스템으로 몇 가지 배열에서 더 득점에 성공할 수 있다.

▶ 수구가 B에서 시작되는 선상에 있고, 2쿠션 지점은 4.0 정도로 추정된다.

▶ B는 코너X로부터 2포인트 떨어져 있으므로 2×4.0=8.0, 즉 1쿠션 지점은 8이 된다.

▶ 수구가 1적구를 거의 다 맞힌다면(1/1두께) 45도 정도의 각으로 분리된다. 좀 더 얇게 맞힌다면 30도 정도가 될 것이다.

※ 포켓볼 관련 예시는 책의 뒷부분에 나와 있다.

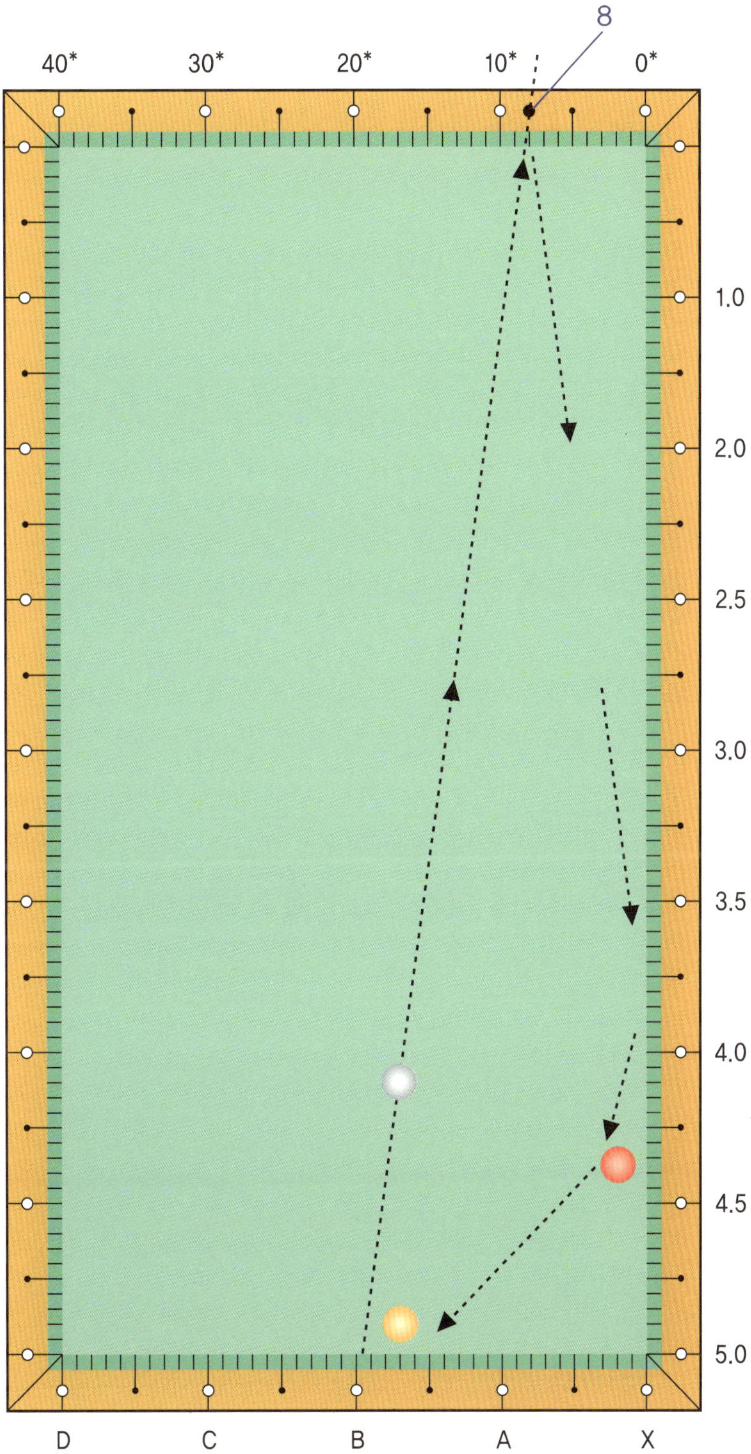

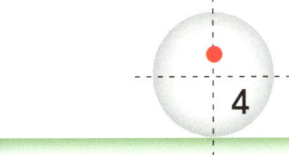

〈그림 107〉

DEAD BALL SYSTEM 29

시카고 엔드 레일 시스템
Chicago End Rail System

▶ 이 시스템은 같은 숫자를 장축이 아닌 단축에 적용한다는 점을 제외하면 앞 장의 시드 시스템과 정확히 동일하다.

▶ 반 포인트로 환산하여 계산해야 하므로 집중력이 조금 더 요구되지만, 연습을 통해 익숙해지면 득점하는 데 많은 도움을 줄 것이다.

▶ 단축인 O쿠션을 시드 시스템에서 장축이었던 N쿠션과 동일하다고 생각하라.

▶ 〈그림 108〉에서 수구는 C선상에 위치한다. 바람직한 2쿠션 지점은 3.0이고, C는 X로부터 1.5포인트 떨어져 있으므로 3×3.0=9가 된다.

▶ N쿠션은 반 포인트씩 계산하여야 하므로 겨냥점은 반 포인트 약간 아래인 9가 된다는 사실을 다시 한번 명심해 주길 바란다.

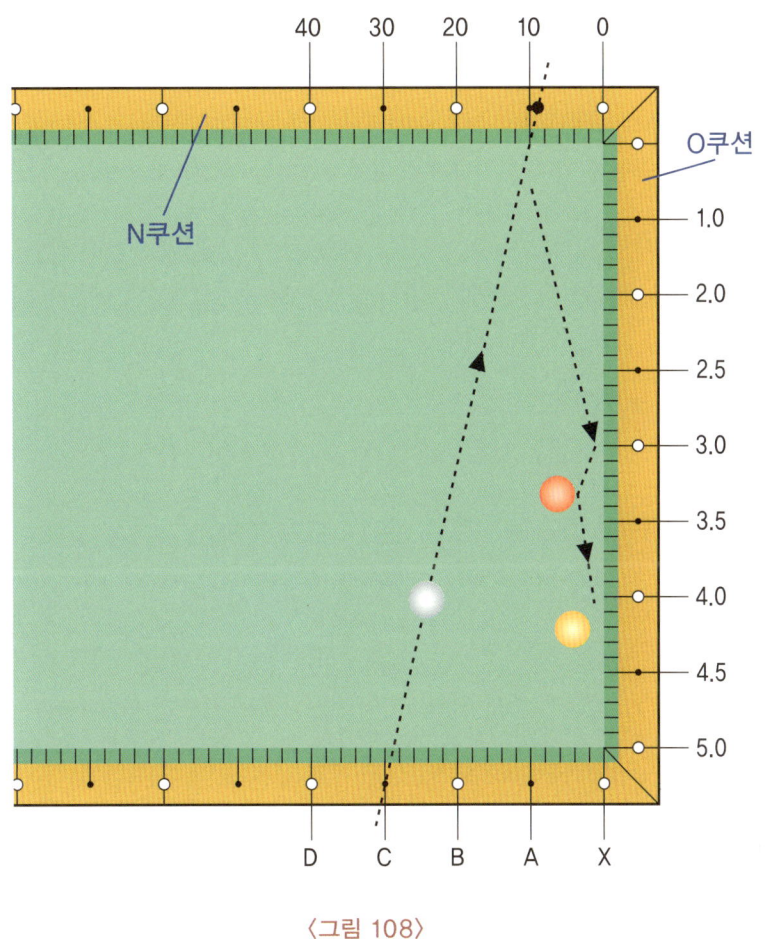
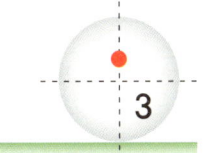

〈그림 108〉

DEAD BALL SYSTEM 31

시카고 시스템의 예
Chicago Example

▶ 수구 수가 G라면 7×3=21이므로 1쿠션 지점은 21이 될 것이다.

▶ 실제로 모든 숫자를 외우기엔 무리가 있으므로, 위와 같은 간단한 공식을 사용하면 편리하다.

※ 포켓볼 관련 예시는 책의 뒷부분에 있다.

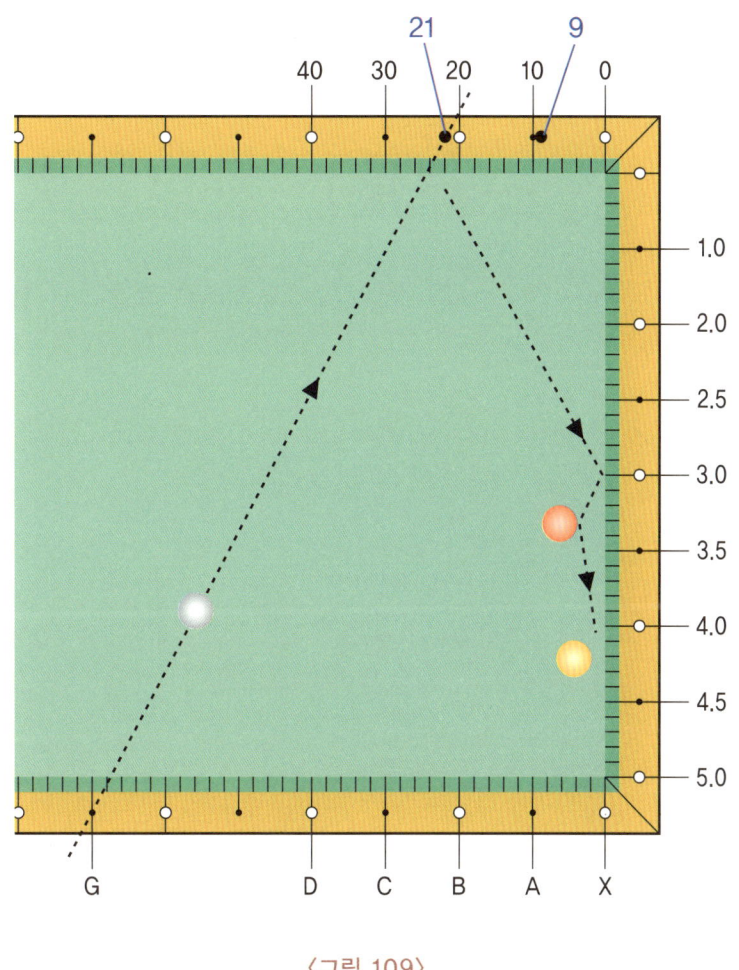
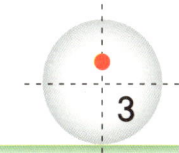

〈그림 109〉

DEAD BALL SYSTEM 33

버니의 데드볼 시스템의 트랙
Bernie's Dead Ball Tracks

▶ **버니 위셴그라드(Bernie Wishengrad)** 선수가 이 보석과도 같은 시스템을 전수해 주었는데, 수구에 옆회전을 주지 않고 부드럽게 굴려 주는 것이 관건이다. 쿠션의 숫자도 바뀐다는 사실을 명심하라.

▶ 몇 분만 연습해 보면, 숫자를 외우기가 어렵지 않음을 알게 될 것이다.

▶ 〈그림 110〉에서 수구 수는 70이고, 3쿠션 지점은 40이다.

▶ 1쿠션 지점은 수구 수인 70에서 3쿠션 지점인 40을 뺀 값인 30이 된다.

※ 포켓볼 관련 예시는 책의 뒷부분에 있다.

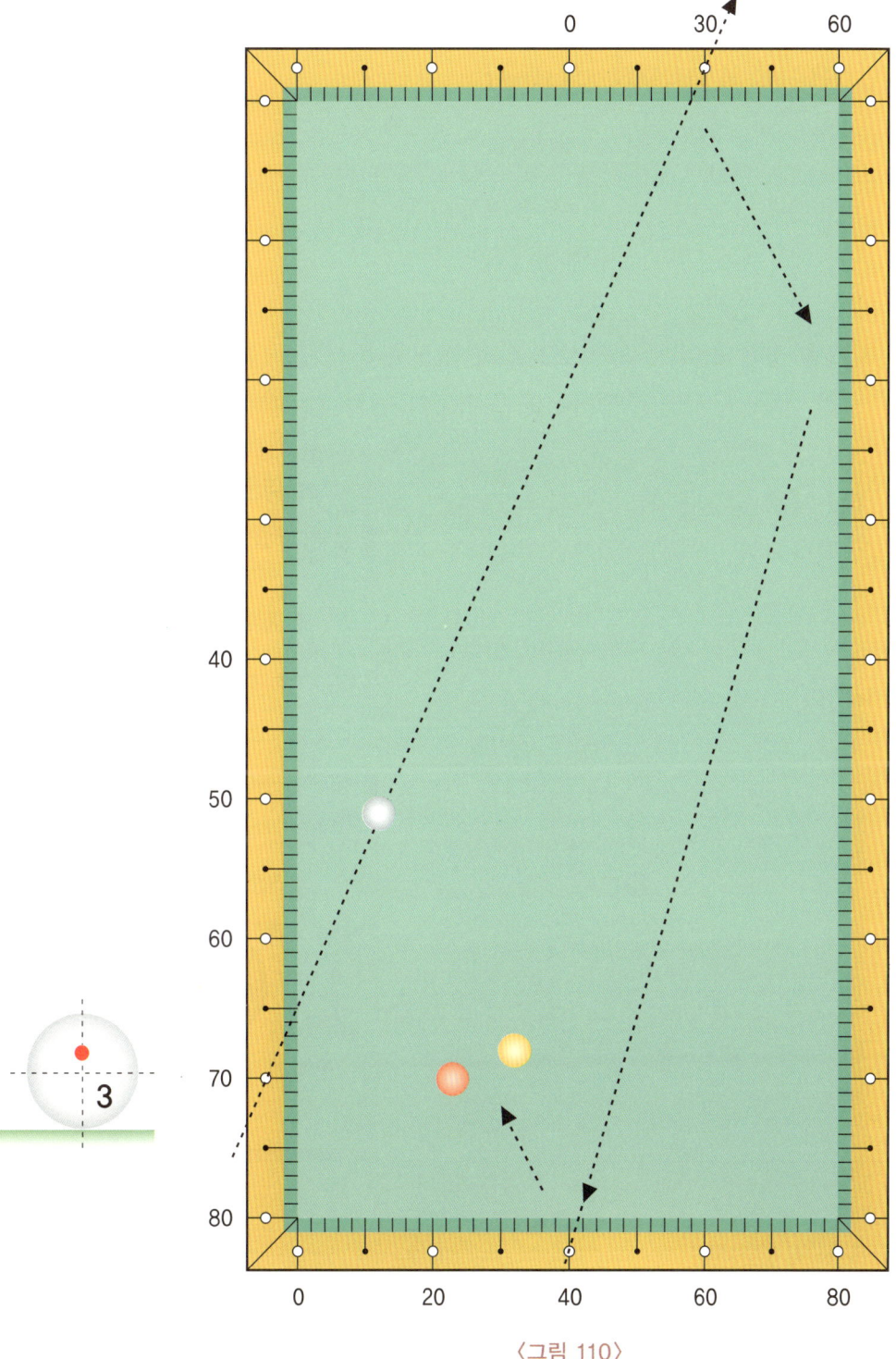

〈그림 110〉

DEAD BALL SYSTEM

라공글의 짧은 브리지
LaGongle's Short Bridge

▶ 딕 라공글(Dick LaGongle) 선수가 아주 좁은 각(쇼트앵글)에서의 샷을 다루는 테크닉에 대해 전수해 주었다.

▶ 브리지를 짧게 하여 수구와 브리지의 간격이 4~5인치(10~13cm) 정도 되게 하라. 큐의 움직임이 적을수록 정확도와 당점 컨트롤에 도움이 된다.

▶ 이 테크닉은 당점을 거의 주지 않고 치는 롱앵글에서의 던저치기에서도 똑같이 적용되며, 1적구를 얇게 맞추는 것이 필수적이다.

▶ 마이크 도넬리(Mike Donnelly)선수는 모든 데드볼 시스템에 이 방법을 사용한다.

〈그림 111〉

DEAD BALL SYSTEM 37

고수들의 조언
Words From Above

『빌리어드 아틀라스』는 스리쿠션 고수들의 샷에 대한
간결하고도 명료한 해석을 담고 있다.

다이아몬드 시스템을 효과적으로 분석하였고,
킥 샷(kick shot)[3]과 디펜스에 대한 귀중한 지식을 제공해 준다.

이 책은 선수들의 실력 향상에 필수적인 테크닉을
설명해 주는 다양한 그림들로 가득 차 있다.

— 당구 도서관(The Billiard Library) —

---

[3] 역주) 포켓볼에서 쿠션을 먼저 치고 목적구를 포켓시키는 샷.

포켓볼에 관하여

▶ '전도사' 돈 피니(Don Feeney)씨는 당구 전반에 대해 해박한 지식을 가진 권위자이다. 이 책의 1장을 검토한 뒤 그는 다음과 같이 말했다.

"포켓볼 게임에서 선수들은 수구를 3쿠션 이상 굴려 정확한 지점에 보내야만 하는 상황에 익숙하지 않으며, 그런 상황이 발생했을 시 해결할 수 있는 지식과 경험이 부족합니다. 고로 시스템을 몇 가지 암기하고 있다면 어마어마한 파괴력을 지닐 수 있습니다.

저는 시드 시스템과 버니 시스템만을 연습해 보았는데, 제 당구대에서 송곳처럼 정확히 들어맞더군요.

이 두 가지 시스템을 몇 분만 연습해 본다면 경기의 승패를 좌우할 수 있는 비기를 얻을 수 있습니다.

해리스씨도 아시다시피, 저는 스리쿠션에서 사용되는 시스템의 신봉론자는 결코 아니었습니다. 하지만 제1장에서 소개된 데드볼 시스템을 즐겁게 연마했고, 이것이 포켓볼에도 똑같이 적용될 수 있음을 깨달았습니다.

스리쿠션 선수라면 실전에서 드러난 자신의 문제점을 해결할 수 있는 지식을 찾아 목록을 작성하고, 부단히 연습해야 합니다."

테크닉
TECHNIQUE

원하는 목표를
달성하기 위한 방법

Billiard ATLAS
Chapter 2

구멍치기
Cocoa Beach Tickie Tracks

구멍치기를 할 때 수구를 '자연각(natural angle)'[4] 대로 보낼 수 있으므로, 수구의 진로 또한 계산할 수 있다. 이때 수구의 속도, 스트로크, 목적구의 두께에 대한 연구가 반드시 수반되어야 한다.
이처럼 자연각이 이루는 트랙은 짧아지는 당구대와 길어지는 당구대에서 모두 적용 가능하다.
아주 긴 구멍치기도 쉽게 성공시킬 수 있다는 사실을 알면 독자 여러분들은 깜짝 놀랄 것이다.
빌 말로니(Bill Maloney) 선수의 테크닉을 사용하면 기준 트랙의 각보다 넓게 퍼져있는 2적구 또한 득점할 수 있다.

- 구멍치기의 트랙
- 말로니의 퍼지는 구멍치기
- 구멍치기의 기준 트랙
- 비탈리스의 밀어치기

[4] 역주) Natural angle : 과도하게 눕거나 꺾이지 않는 자연스러운 각

구멍치기의 트랙
Tickie Tracks

▶ 필자는 게임에서 〈그림 112〉와 같은 배열의 공을 30년 동안 놓쳐 왔다. 그림에서는 수구가 코너로 들어와야 득점에 성공할 수 있는 듯하다.

▶ 만약 구멍치기의 트랙을 알고 있다면 득점 확률이 높아질 뿐만 아니라, 득점할 수 없는 위치에 대해서도 알 수 있다. 이 모든 것을 파악한 이후에 목적구의 두께와 수구의 당점을 조절하면 된다.

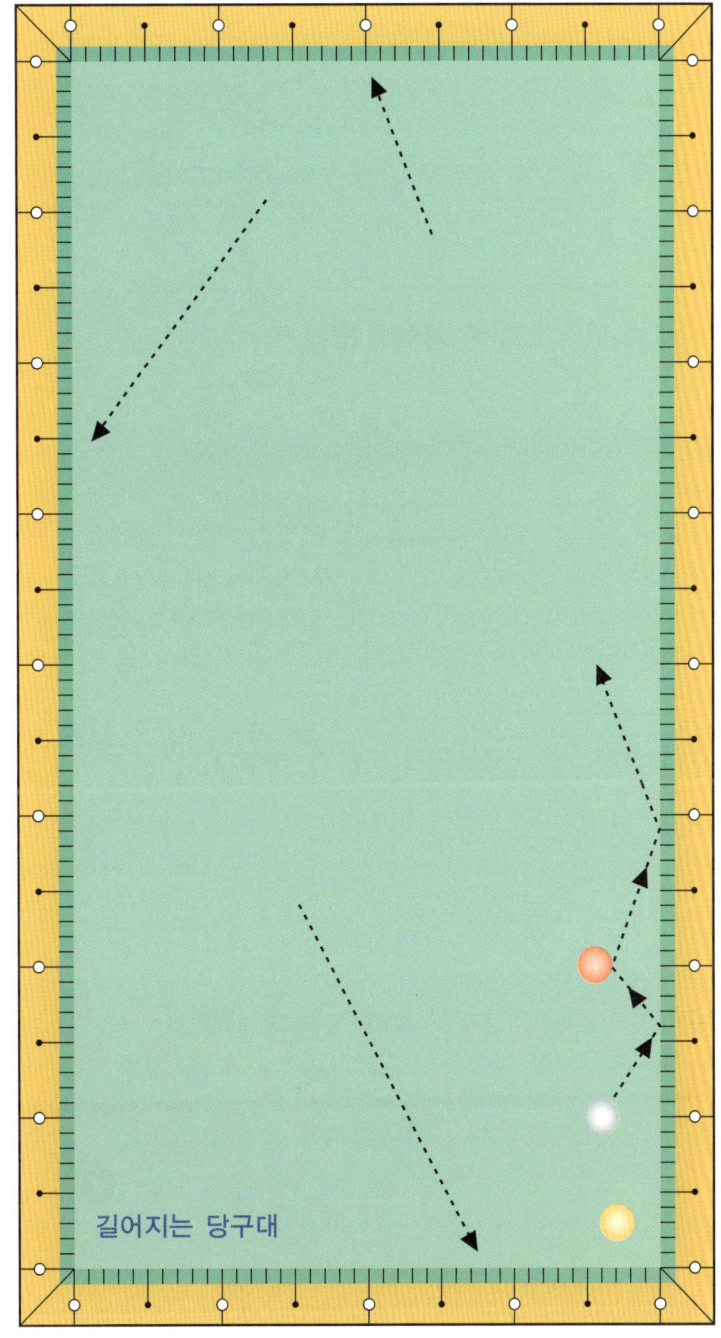

〈그림 112〉

구멍치기의 기준 트랙
Basic Tickie Tracks

▶ <그림 113>에서 구멍치기의 네 가지 패턴에 대해 소개할 것이다. 길어지는 당구대와 짧아지는 당구대에서 모두 적용 가능하다.

▶ A는 제1적구가 코너에 위치해 있다.

▶ B는 제1적구가 20부근에 있다.

▶ C는 제1적구가 40부근에 있다.

▶ D는 제1적구가 60부근에 있다.

▶ 수구의 입사각은 15도나 그 이하가 적당하다.

▶ 간략히 설명하기 위해 5쿠션 지점은 A와 D만 그려 보았다. 소가드 (Sogard) 당구대에서는 차이가 있으니 주의하길 바란다.

▶ 소가드 당구대에선 4쿠션 지점이 조금 짧다.

▶ 오른쪽 그림은 필자의 당구대에서 테스트한 샷이다.

※ 당구대의 슬라이드가 심한 경우 수구의 트랙은 더욱 길어질 것이다.

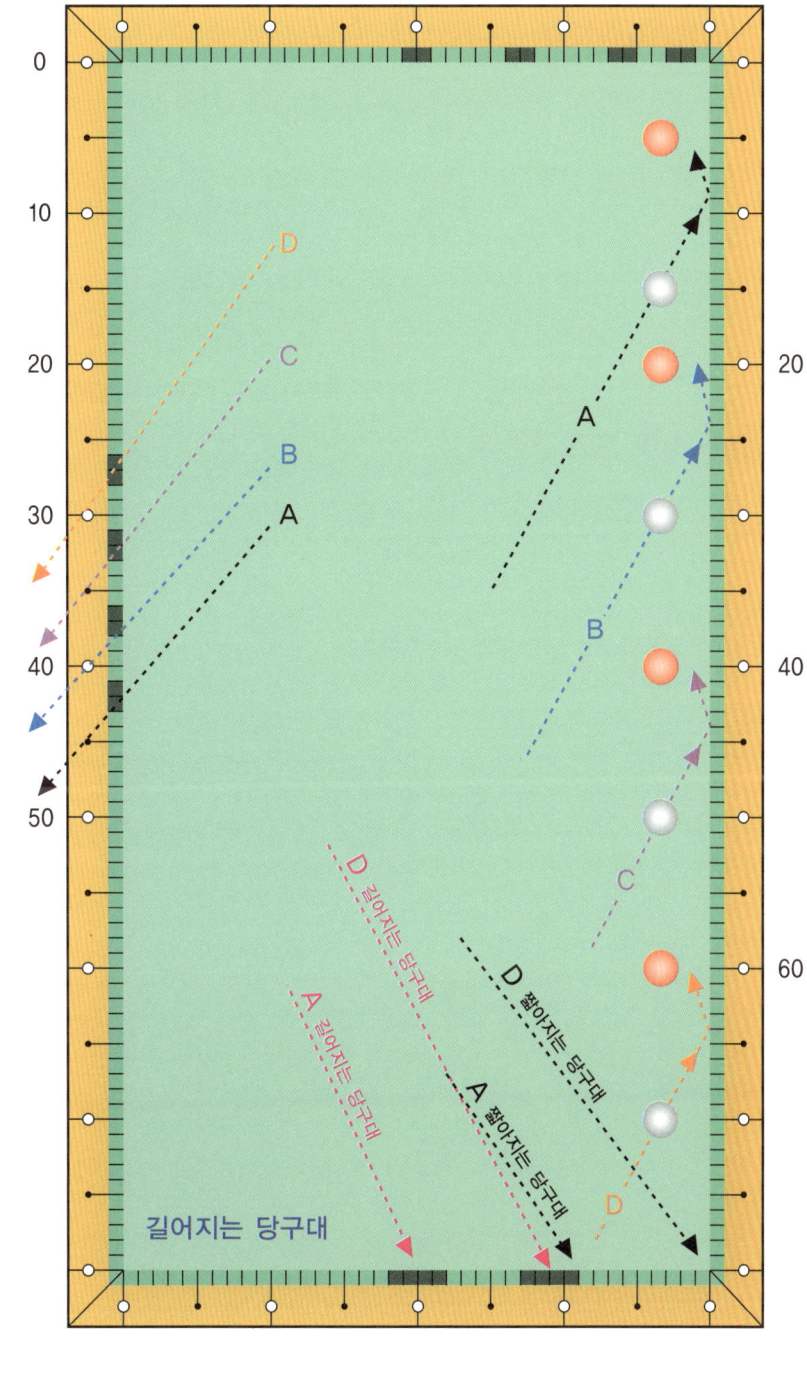

〈그림 113〉

말로니의 퍼지는 구멍치기
Maloney's Spread Tickie

▶ 〈그림 114〉처럼 2적구가 기준 트랙의 각보다 더 넓게 퍼져 있는 경우가 종종 있는데, 빌 말로니(Bill Maloney) 선수는 이 공을 쉽게 공략하는 방법을 알고 있었다.

▶ 그는 수구의 정가운데를 부드럽게 쳤다. 스트로크는 짧고 빨랐으며, 큐의 뒷부분을 살짝 들어 주었다.

▶ 범프 샷(bump shot)[5]과 비슷하다고 볼 수 있다.

---

[5] 범프샷(Bump shot) : 쿠션에서 회전을 먹지 않고 통통 튀는 샷

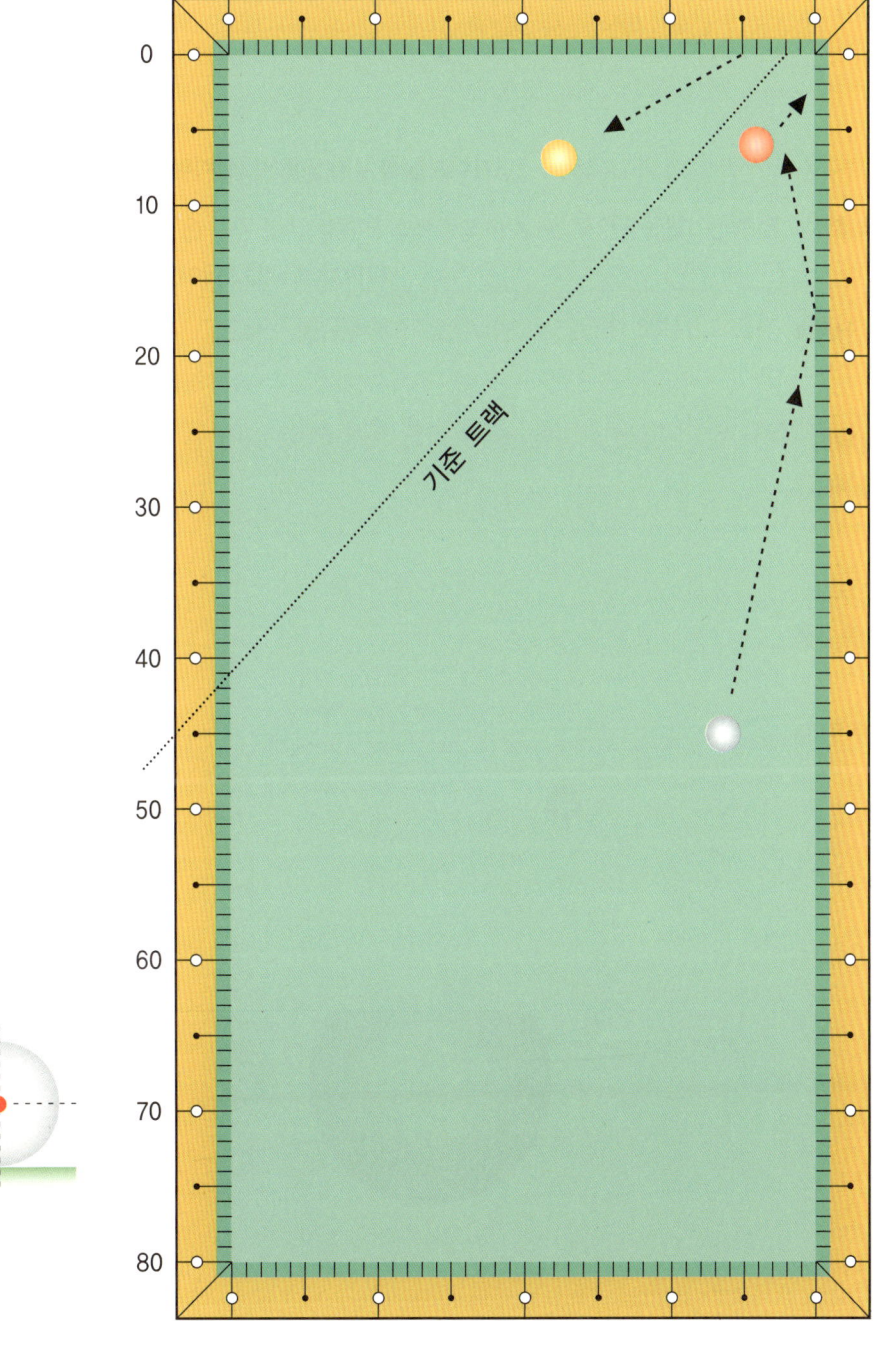

〈그림 114〉

비탈리스의 밀어치기
Bitalis's Follow Tickie

▶ 1적구가 쿠션에 가까이 붙어 있어 구멍치기가 불가능해 보이는 경우 이 방법을 통해 쉽게 득점할 수 있다.

▶ 1적구를 거의 다 맞추면(1/1두께) 수구가 1적구를 '밀고' 지나갈 것이다.

▶ 당점은 주지 않되 약간 역회전을 주어도 무방하며, 수구를 밀어쳐야 한다.

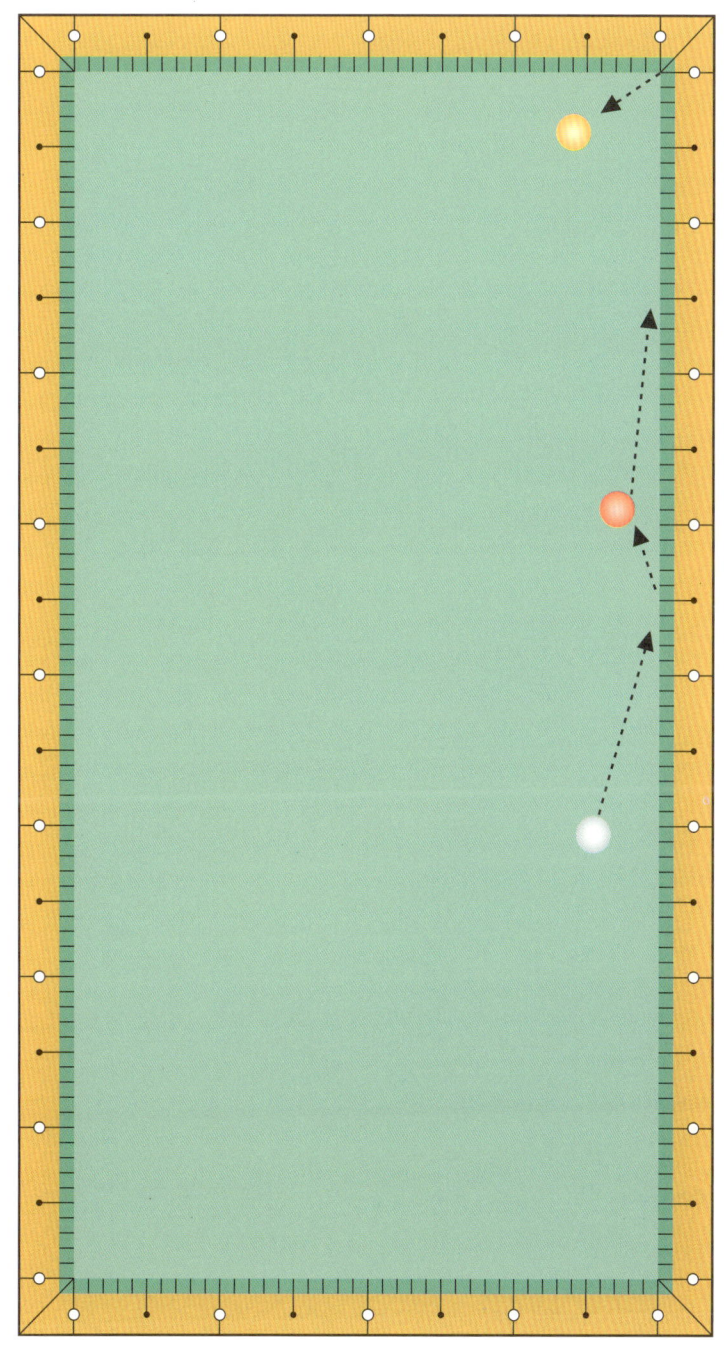

〈그림 115〉

COCOA BEACH TICKIE TRACKS

시스템
SYSTEMS

어떤 목적을 위한
질서있는 생각 체계

Billiard ATLAS Chapter 3

롱앵글 & 쇼트앵글 시스템
Long and Short Angle Systems

수구의 3쿠션 지점을 알고 있다면 득점할 확률이 훨씬 높아질 것이다. 이제부터 여러분은 그 정확한 지점을 찾아낼 수 있을 것이다.
필자가 다이아몬드 시스템에 심취해 있을 무렵 롱앵글 시스템을 우연히 접하게 되었다. 그때까지만 해도 수구의 2쿠션 지점(단축)을 알고 있는 선수는 많지 않았다. 또한 이 장에 소개되어 있는 많은 시스템(엄브렐라 시스템, 리버스 시스템 등)들은 3쿠션 뿐만 아니라 보크라인에서도 적용할 수 있다.

- 롱앵글 트랙
- 롱앵글 시스템의 적용 1
- 롱앵글 시스템의 적용 3
- 쇼트앵글 트랙
- 애스비의 리버스 시스템
- 이상천의 쇼트앵글 샷
- 무회전 끌어치기 2
- 롱앵글 트랙의 예
- 롱앵글 시스템의 적용 2
- 조이의 쇼트앵글
- 버니의 엄브렐라 시스템
- 리차드의 리버스 시스템
- 무회전 끌어치기 1

※ 51~80쪽에 소개된 내용만으로도 책 한 권을 만들 수 있다.
   그만큼 이 장에는 많은 정보가 함축되어 있다.

롱앵글 트랙
Walt's Long Angle Tracks

▶ 이 시스템에서는 3번째 쿠션이 수구의 목표 지점이다. 오른쪽 그림처럼 수구를 2적구 뒤로 돌려 쳐야 할 때 유용하게 쓰인다.

▶ 첫 번째나 두 번째 쿠션 지점을 겨냥하는 것보다 훨씬 정확하다.

▶ 0쿠션에서 목표 지점을 찾기란 비교적 쉽다.

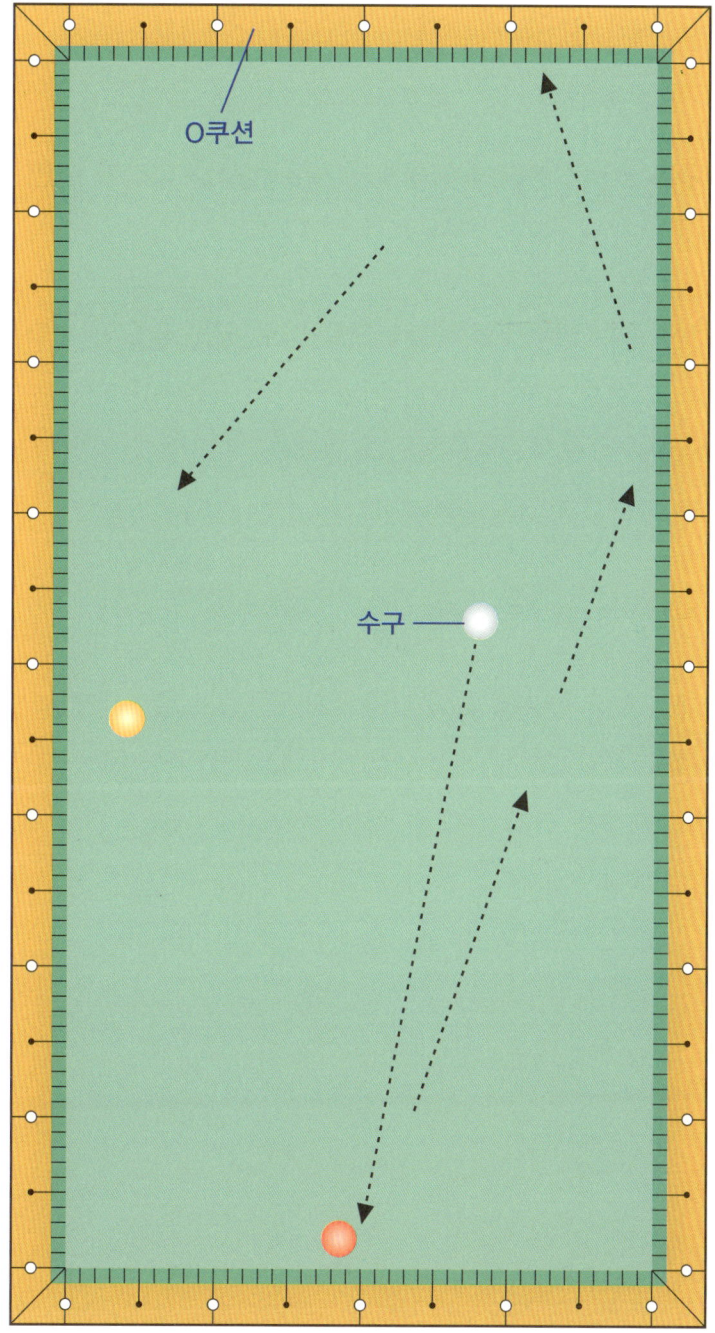

〈그림 116〉

LONG AND SHORT ANGLE SYSTEMS

롱앵글 트랙의 예
Walt's Long Angle Track Example

▶ 수구가 코너Z 선상에 있을 때, 기준 트랙을 따라가 보면 단축인 O쿠션에서 〈그림 117〉과 같은 숫자가 적용된다.

▶ 2쿠션 수는 모두 7의 배수이므로 따로 외울 필요가 없다.

▶ 여기서는 수구를 굴려 주어야 하므로, 수구의 속도를 3으로 조정하는 것이 보다 적절하다.

▶ 다이아몬드 시스템 또한 적용 가능하다(98쪽 참조).

▶ 실제로 모든 숫자를 외우기엔 무리가 있으므로, 위의 방법을 사용하면 편리하다.

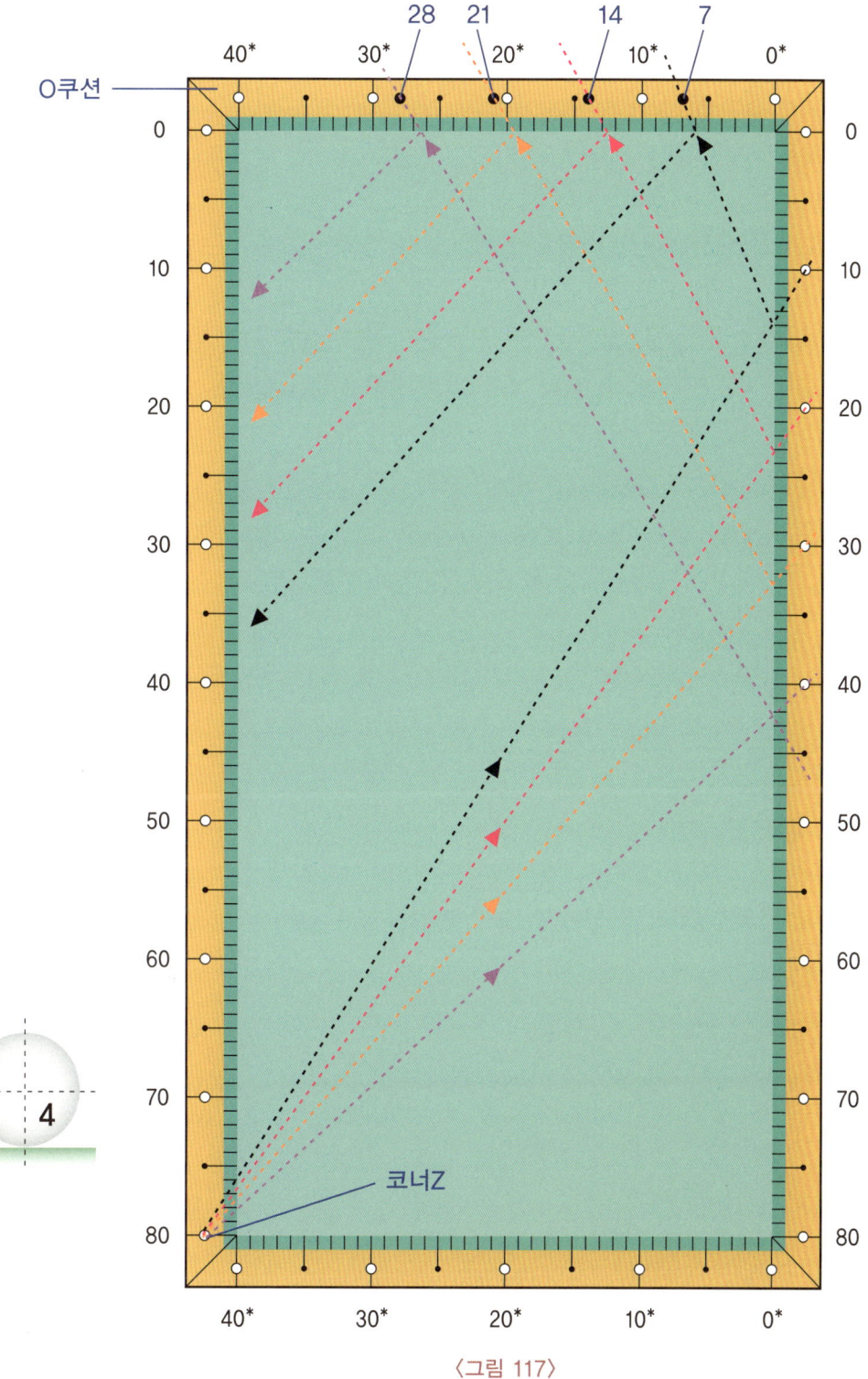

〈그림 117〉

LONG AND SHORT ANGLE SYSTEMS

롱앵글 시스템의 적용 1
Long Angle Example

▶ 〈그림 118〉은 3쿠션(단축) 지점을 찾기 위해 고안되었다.

▶ 다음과 같이 질문하면서 오른쪽의 난구를 해결할 수 있다. 만일 4쿠션 지점이 40이라면, 코너Z에서 시작하여 빈쿠션치기를 했을 때 득점할 수 있는 기준 트랙은 무엇인가?

▶ 기준 트랙은 대략 80(코너)에서 10(1쿠션 지점)으로, 10에서 7(2쿠션 지점)로, 7에서 40(3쿠션 지점)을 향하는 트랙이 될 것이다.

▶ 다시 오른쪽 그림에서, 수구가 1적구를 때리고 나면 1쿠션 지점은 M이 되고, 이는 위의 기준 트랙에서 코너Z의 위치와 거의 흡사하다.

▶ 이제 3쿠션 지점인 7을 감으로 느껴 보라.

▶ 이렇듯 목표 지점을 정하고 나면 득점하기가 훨씬 수월해질 것이다.

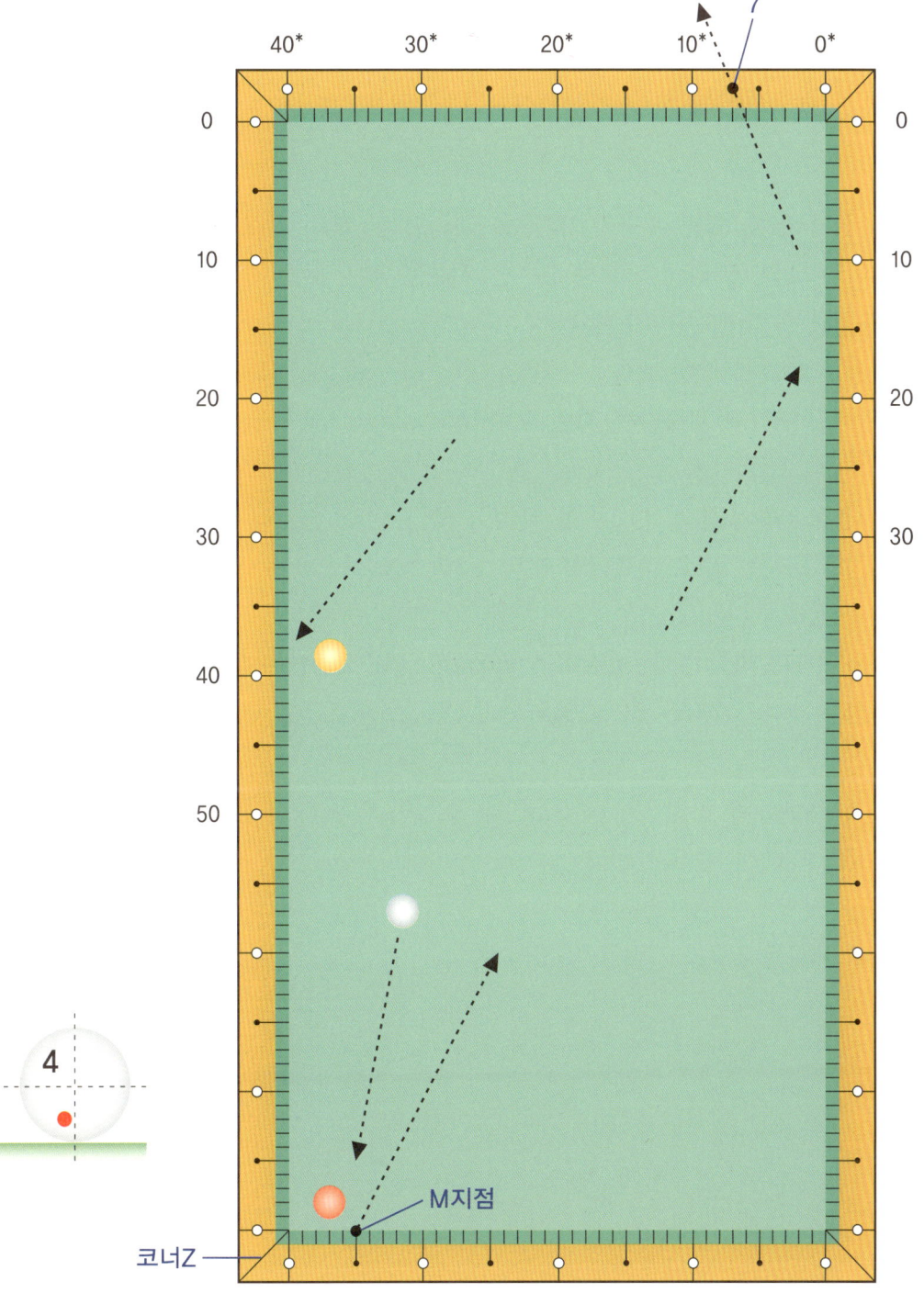

〈그림 118〉

롱앵글 시스템의 적용 2 : 트랙의 전환
Walt's Long Angle Track Shift

▶ 〈그림 119〉를 보면 수구가 1적구를 때리고 난 후의 진로가 기준 트랙과 동떨어져 있다. 따라서 새로운 3쿠션 지점을 찾기 위해 기준 트랙의 수치에 '조정값'를 더해 주어야 한다.

▶ A는 코너Z에서 시작하는 기준 트랙이다.

▶ 다시 오른쪽 그림에서, 1쿠션 지점이 하단 단축 중앙에 위치하므로 3쿠션 지점의 위치는 새로 바뀌어야 한다. 각이 달라졌기 때문이다.

▶ 시애틀 키드식(The Seatle Kid Type)[6] 오차 조정법은 다음과 같다. 1쿠션 지점은 코너Z로부터 50% 떨어져 있다. 3쿠션 지점도 조정이 필요하다.

▶ 이 50%에 7을 곱한 값, 즉 3.5만큼 조정이 이루어진다. 3.5는 1쿠션 지점인 7에 더해져 10.5가 된다.

▶ 고로 새로운 3쿠션 지점은 10.5가 된다.

---

6 역주) 비율 대비 조정법을 의미한다.

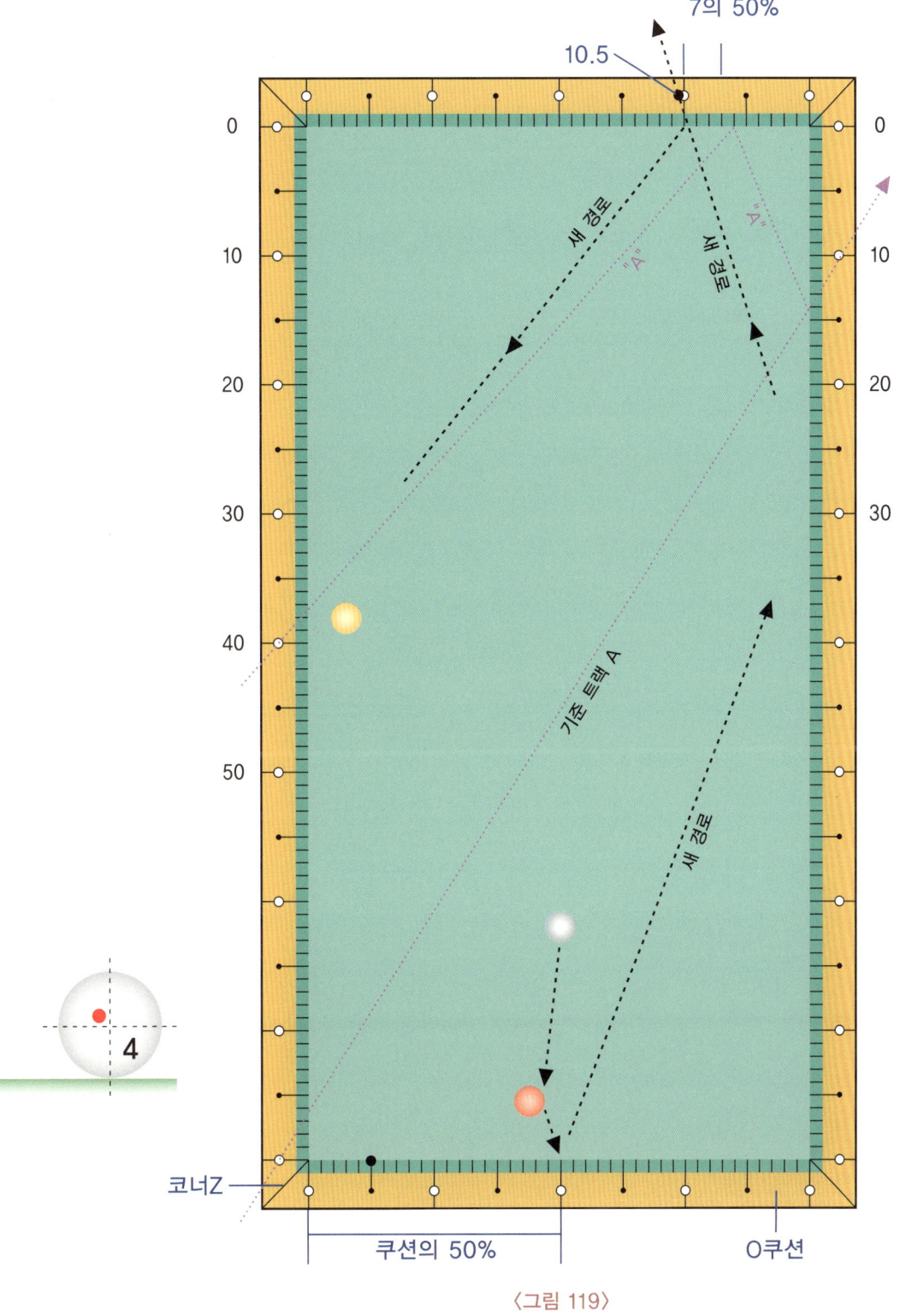

〈그림 119〉

LONG AND SHORT ANGLE SYSTEMS

롱앵글 시스템의 적용 3
Walt's Long Angle Track Shift

▶ 이 시스템은 대회전 샷에도 유용히 쓰인다.

▶ 수구가 4, 5쿠션을 지나면 조금 짧아진다는 점에 유의하라.

▶ "목표 지점을 꼭 그렇게 제한시켜 놓아야 하는가?"라고 묻는다면,

▶ "계산을 통해 3쿠션 지점을 명확히 정해놓으면, 막연하게 쳤을 때보다 정확도가 훨씬 높아지기 때문이다."라고 대답할 수 있을 것이다.

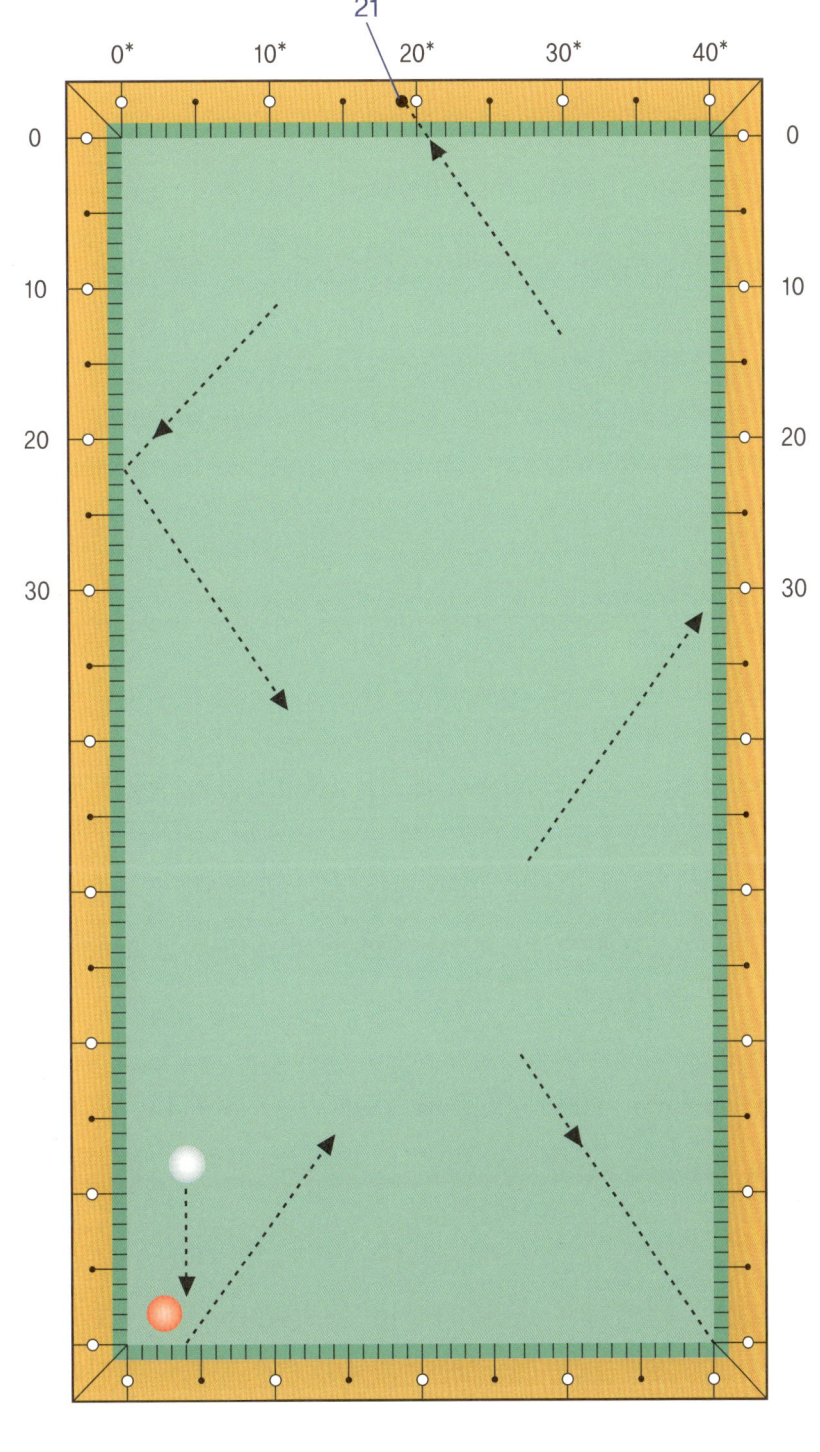

〈그림 120〉

조이의 쇼트앵글
Joey's Short Angles

▶ 조 밴트렐리(Joe Ventrelli) 선수가 이 보석 같은 시스템을 전수해 주었다.

▶ 두 가지 예가 나와 있다.

▶ A의 수구 수는 10이고, 0을 향해 샷하면 22.5로 돌아온다. 고로 변화폭은 12.5 이다.

▶ B의 수구 수는 35이고, 0을 향해 샷하면 35로 돌아온다. 고로 변화폭은 0 이다.

▶ 10에서 반 포인트씩 밑으로 내려올 때마다 변화폭은 0.25씩 줄어든다.

▶ 예 : 수구 수가 15이고, 0을 향해 샷하면 변화폭은 10이 되어 25로 돌아온다. 수구 수가 30이고, 0을 향해 샷하면 변화폭은 2.5가 되어 32.5로 돌아온다.

▶ 당구대 체크 : 35에서 35로 돌아오지 않는 당구대도 있다. 각자의 당구대를 체크해 보고 변화폭이 0인 지점을 파악하라. 그 후에 위의 원칙을 적용하라.

▶ 포켓볼 : 0지점에는 포켓이 위치하고 있으므로, 1쿠션 지점은 2.5로 조정되어야 한다. 그 후에 변화폭이 0인 지점을 찾아라 : 아마 30이 될 것이다.

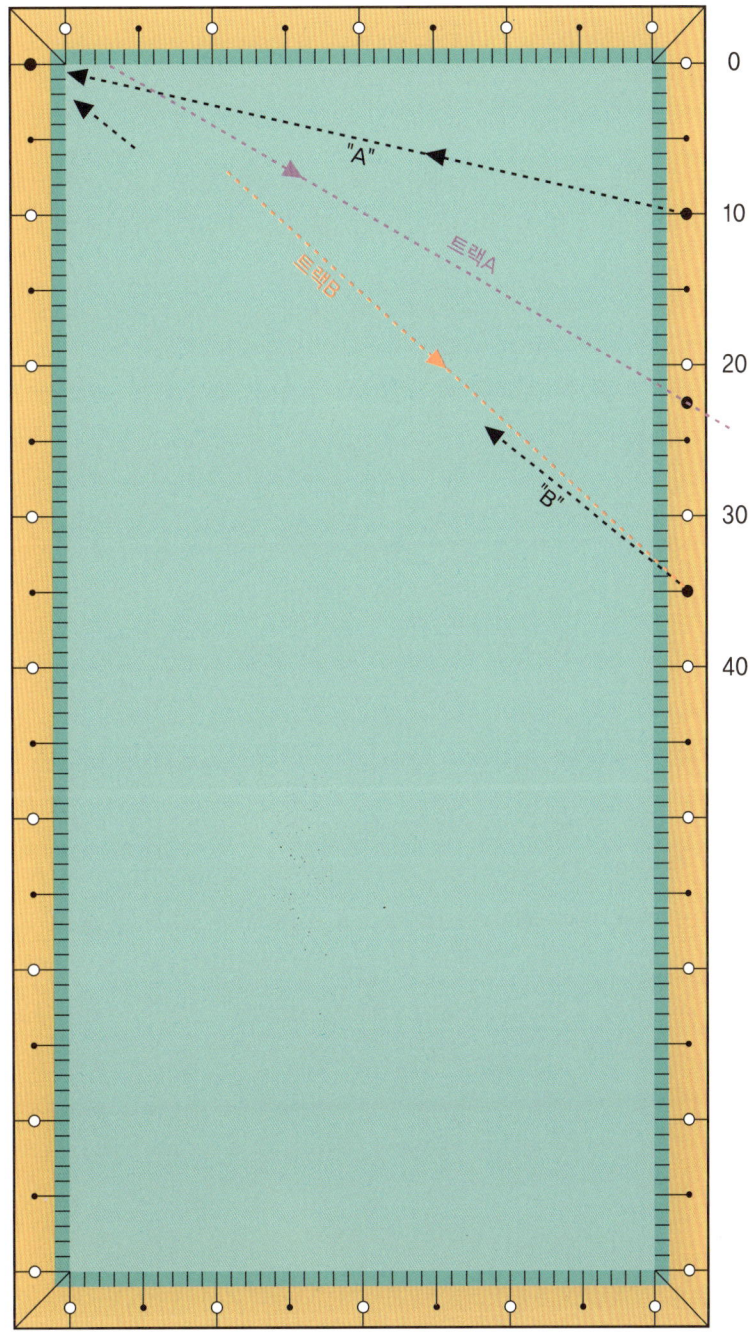

〈그림 121〉

LONG AND SHORT ANGLE SYSTEMS

쇼트앵글 트랙
Short Angle Track

▶ 1쿠션으로 향하는 수구의 진로가 쇼트앵글(short angle)일 경우(오른쪽 그림에서 N-N라인보다 위쪽일 경우), 수구는 3쿠션에서 4쿠션으로 가면서 짧아진다.

▶ 〈그림 122〉에서처럼 3쿠션 지점이 10일 경우 수구는 4쿠션에서 30으로 돌아온다.

▶ 3쿠션 지점이 15일 경우 수구는 4쿠션에서 20으로 돌아온다.

▶ 3쿠션 지점이 25일 경우는 코너를 향한다.

▶ 필자가 보기에 30에서 돌아오는 트랙이 중요한데, 단축 코너에서 약 반 포인트 떨어진 곳을 향한다.

▶ 각이 조금 클 경우 쇼트앵글 시스템의 트랙과 롱앵글 시스템의 기준 트랙(코너Z에서 시작) 사이에 대입시켜 비교해 보라.

※ 번(Byrne)의 저서 『당구 집대성(Standard Book of Pool and Billiards)』에서는 프랭크 토레스씨가 이 시스템을 소개해 주었다고 쓰여 있다.

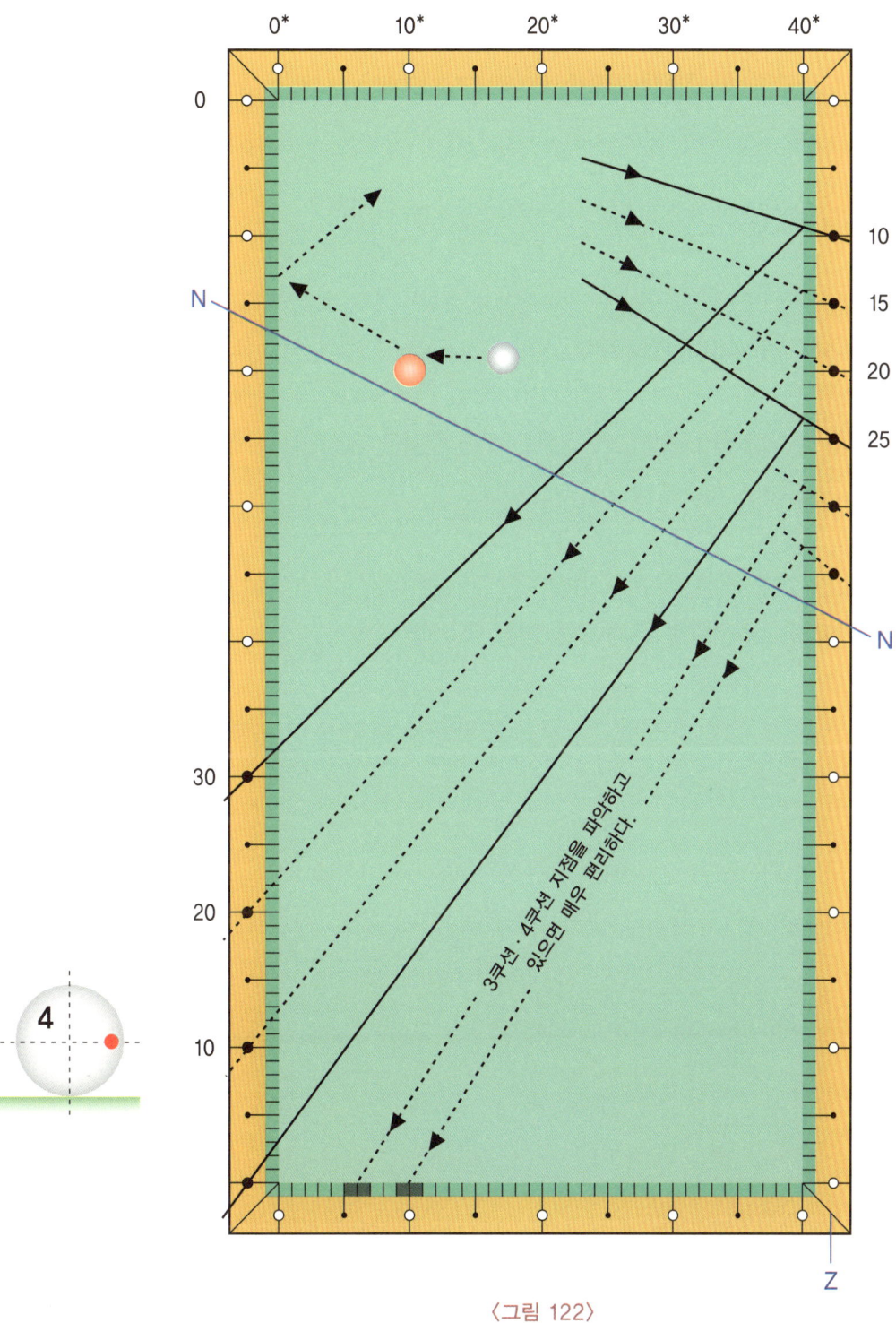

〈그림 122〉

LONG AND SHORT ANGLE SYSTEMS

버니의 엄브렐라 시스템
Bernie's Umbrella Tracks

▶ 이 시스템에서 수구 수는 다이아몬드 시스템에서의 숫자와 동일하다.

▶ 버니 위셴그라드(Birnie Wishengrad) 선수가 전수해 준 이 시스템에서는 수구 수 40이 기준이다.

▶ 수구 수 40에서 출발하여 3쿠션 지점인 10, 20, 30에 이르는 각각의 트랙은 완전하며 시스템의 기본이 된다.

▶ 〈그림 123〉처럼 수구를 보낸다면 2쿠션 수는 각각 4, 12, 21이 되고, 트랙을 따라 3쿠션으로 온전히 진행할 것이다.

▶ 수구 수가 45인 경우에는 2쿠션 수에 1을 더해야 하고, 변형된 수는 5, 13, 22가 된다.

▶ 수구 수가 60인 경우에는 2쿠션 수에 9를 더해야 하고, 변형된 수는 11, 19, 28이 된다. 각각의 수는 3쿠션에서 10, 20, 30과 연결된다.

▶ 필자가 겪어본 바에 의하면 엄브렐라 시스템은 결코 쉽지 않다.

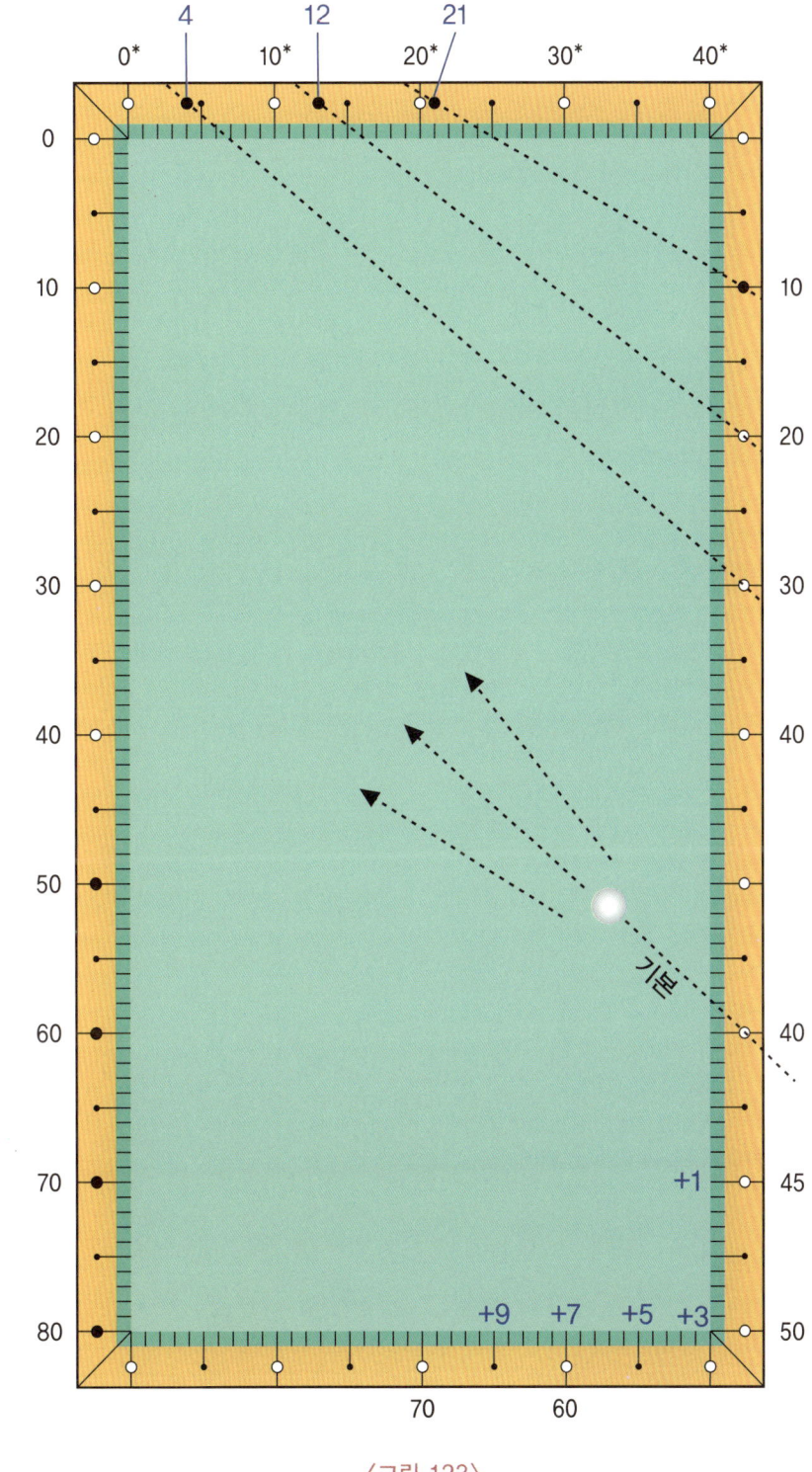

〈그림 123〉

애스비의 리버스 시스템
Ashby's Reverse The Rail

▶ 조지 애스비(George Ashby) 선수가 수구의 위치에 따라 당점을 달리하는 이 시스템을 전수해 주었다.

▶ 샷을 할 때 적절한 속도와 큐의 수평을 유지하는 것이 리버스 시스템의 두 가지 포인트이다.

▶ 수구가 A지점에 있을 경우, 대략 M쿠션의 7정도를 향하고 있다. 이때 수구를 코너X로 보내기 위한 당점은 1팁이다.

▶ 수구가 C지점에 있을 경우 당점은 3팁이다.

※ 3팁으로 수구를 A지점에서 B지점으로 보낼 수 있다. 이는 긴(long) 리버스 시스템이다. 이 시스템을 단축에서 사용할 경우 반 포인트씩 계산하면 된다. 하지만 당점이 약간 다르므로 시스템을 정확히 적용하기 위해선 별도의 연습이 필요하다.

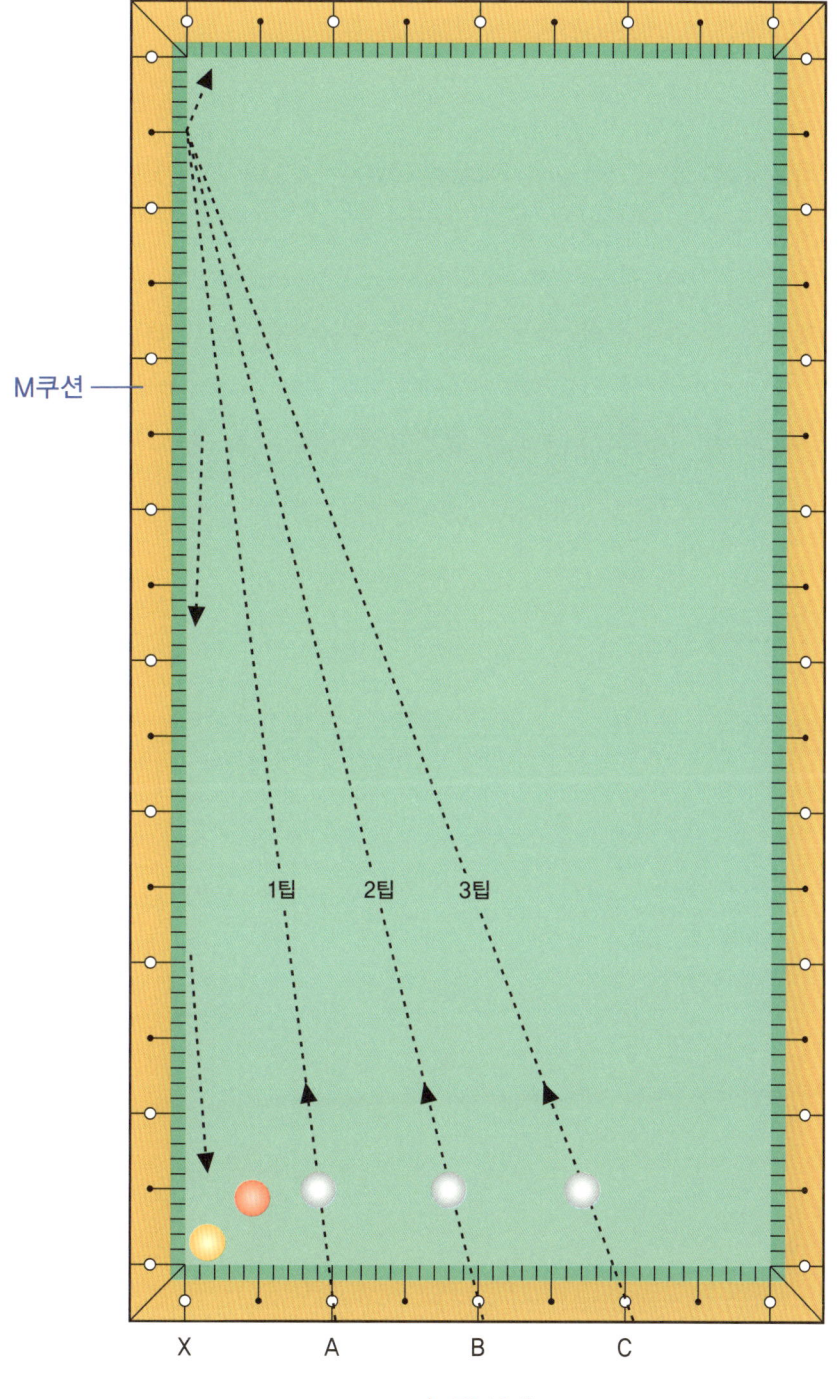

〈그림 124〉

LONG AND SHORT ANGLE SYSTEMS

리차드의 리버스 시스템
Richard's Reverse The Rail

▶ 리차드 비탈리스(Richard Bitalis) 선수는 〈그림 125〉의 경우 코너 부근을 향하여 수구를 부드럽게 굴려 주어야 한다고 말한다.

▶ 역회전을 주고 수구를 굴려 주면 장축에 수구가 눕기 때문이다.

▶ 이 테크닉을 사용하면 수구를 훨씬 능숙하게 다룰 수 있다.

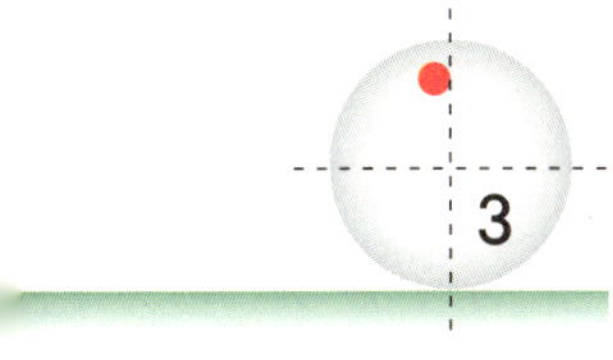

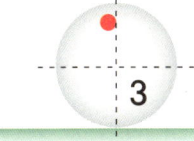

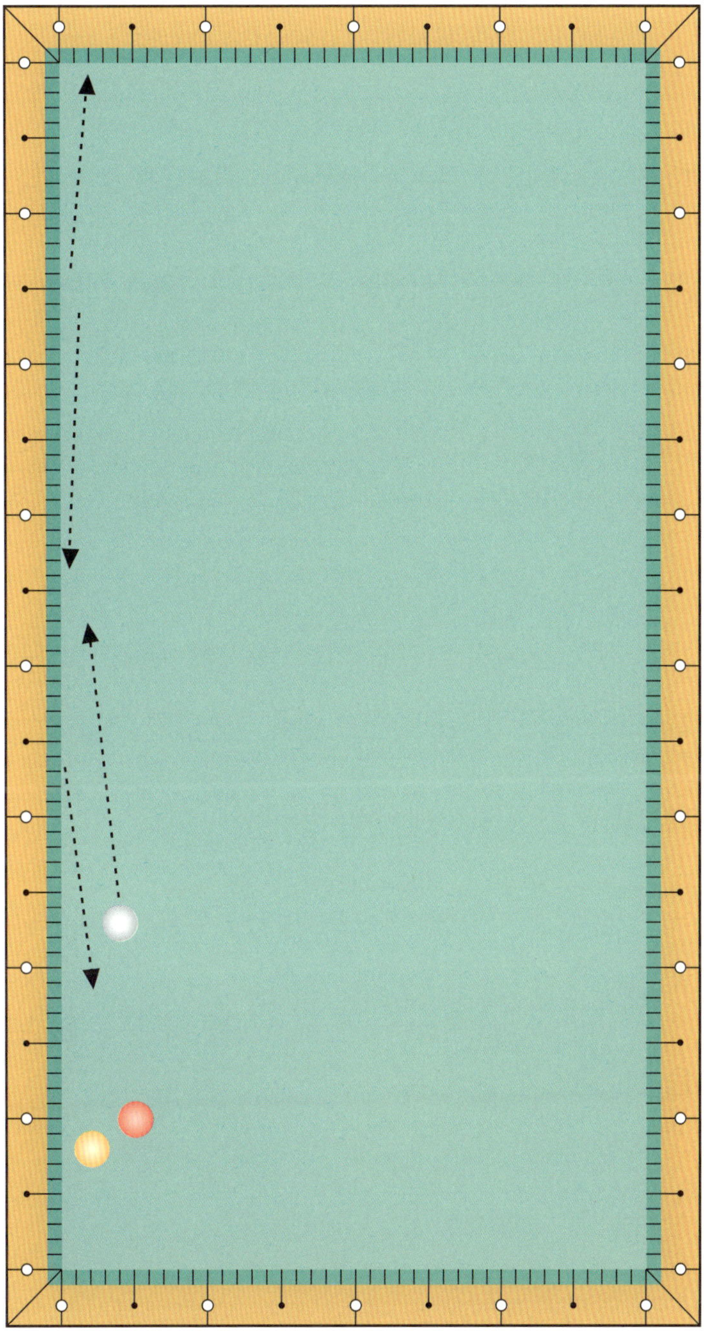

〈그림 125〉

이상천의 쇼트앵글 샷
Sang Lee's Manufactured Short Angle

▶ 전미 챔피언 이상천 선수는 이 샷을 아주 쉽게 풀어낸다. 그는 큐를 수평하게 유지한 채로 수구의 하단을 치되, 끌지는 않는다. 이 샷의 포인트는 수구가 역회전이 살아있는 채로 두 번째 쿠션까지 진행하는 것이다.

▶ 〈그림 126A〉에서는 수구에 미세하게 역회전을 주고 1적구를 얇게 쳐야 한다.

▶ 〈그림 126B〉에서는 수구에 조금 더 역회전을 주고 1적구를 두껍게 쳐야 한다.

▶ 〈그림 126C〉에서는 수구에 역회전을 많이 주고 1적구를 거의 다 맞춰야 한다. 이때 1적구에서 분리되어 나오는 수구의 각이 30도는 되야 한다.

▶ 자신감을 갖고 샷하라. 주저하지 말라.

▶ 이 테크닉은 많은 연습을 필요로 한다. 아무 생각 말고 50회만 연습해 보라.

▶ 이라 설리반(Ira Sullivan) 선수는 샷할 때 큐의 뒷부분을 살짝 들어주는 것을 선호한다.

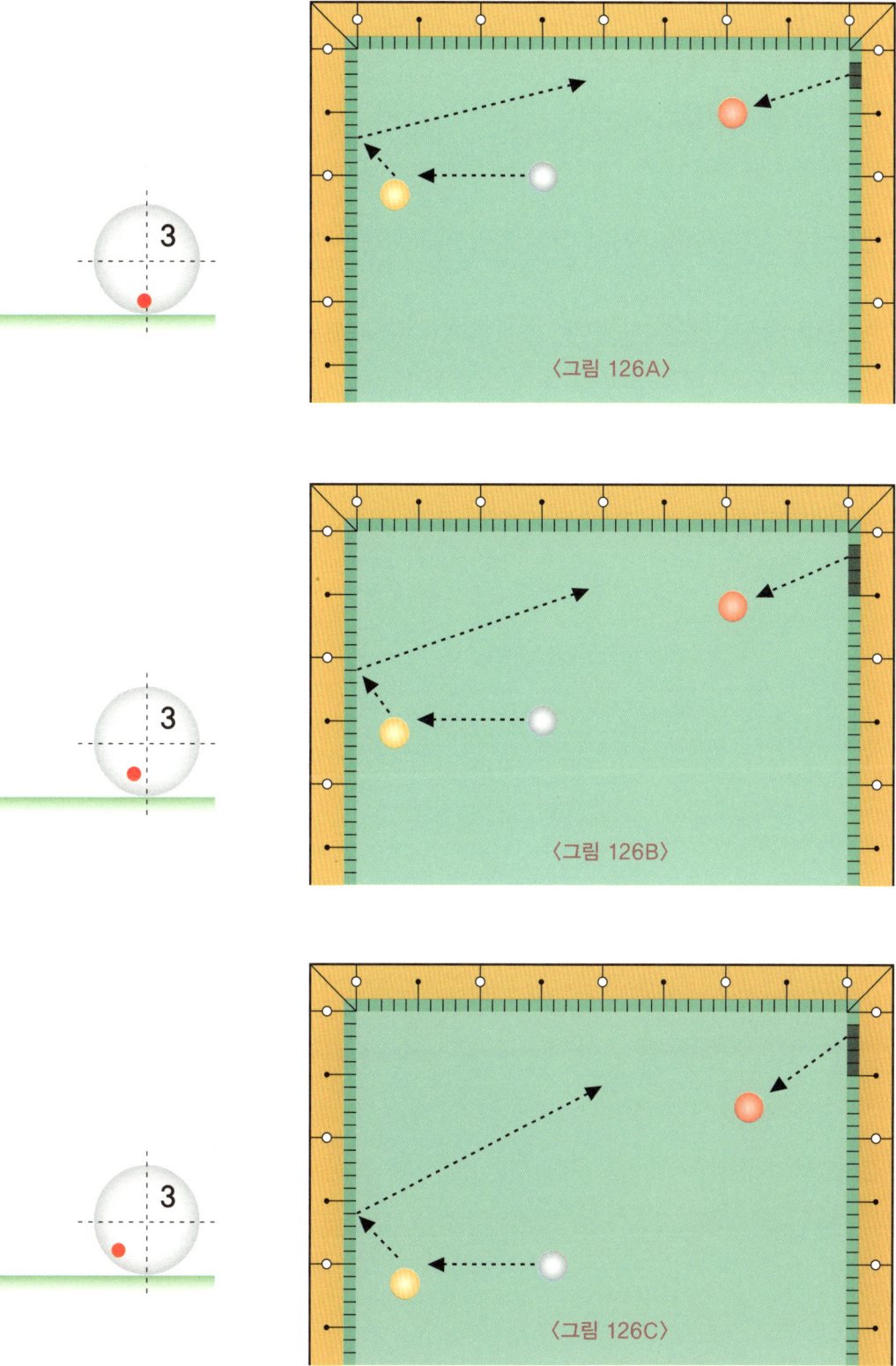

〈그림 126A〉

〈그림 126B〉

〈그림 126C〉

LONG AND SHORT ANGLE SYSTEMS

무회전 끌어치기 1
Dead Draw Shot

▶ 이상천 선수는 무회전 끌어치기 샷을 다양하게 적용한다.

▶ 지금 소개할 테크닉으로 까다로운 스트로크가 요구되는 샷을 부드럽고 쉽게 칠 수 있다. 테크닉을 습득한 후에 오로지 연습하고, 연습하고 또 연습하라.

▶ 1적구를 얇게 맞추라. 수구에 하단 당점만 주고 끌어쳐라. 짧은 팔로-스루 스트로크를 적용해야 한다.

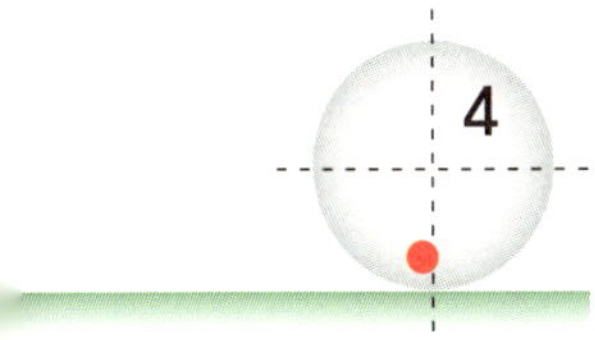

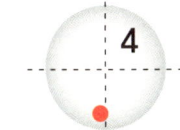

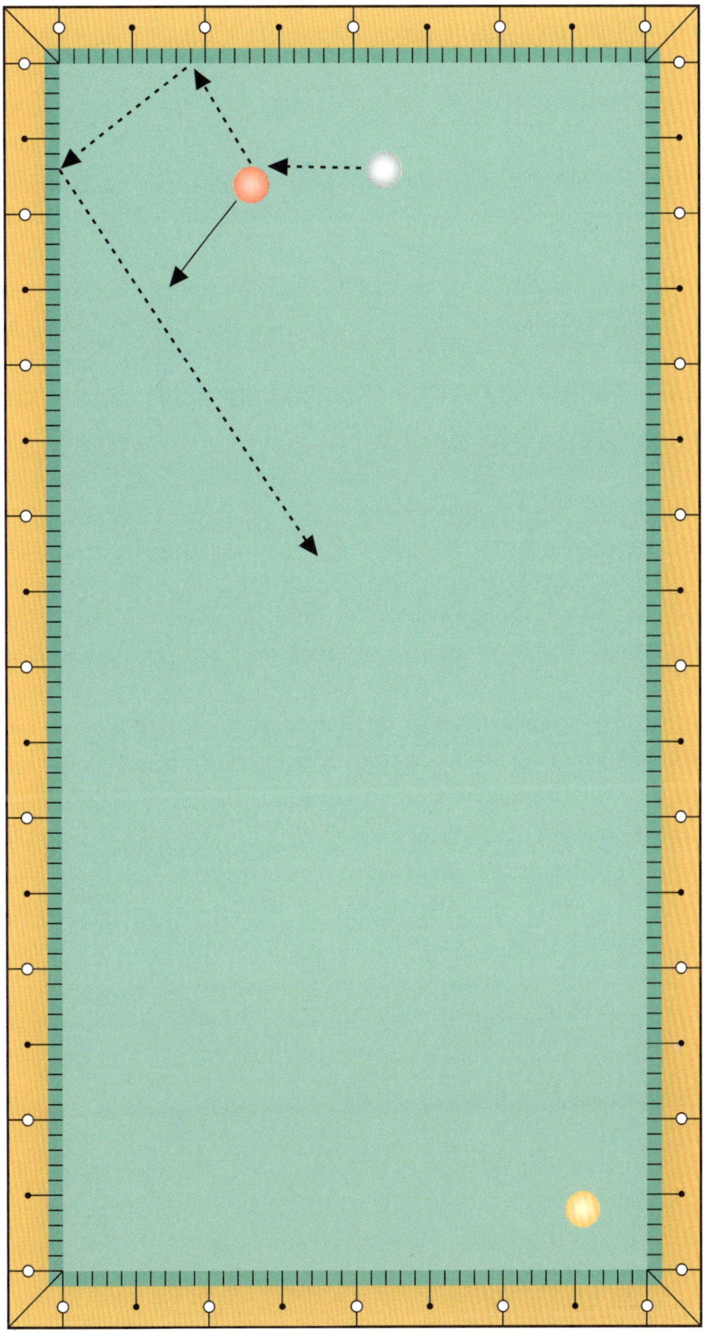

〈그림 127〉

LONG AND SHORT ANGLE SYSTEMS

무회전 끌어치기 2
More Dead Draws

▶ 이상천 선수는 〈그림 128〉과 같은 샷을 매우 쉽게 치지만, 실상 그렇지만은 않다.

▶ 러닝 잉글리시[7]를 일으키기 위해 미세하게 옆회전을 줄 때도 가끔 있다. 그림에서 1적구는 얇게 맞은 후 코너로 이동한다. 수구는 하단 당점만 주고 끌어치되, 빠르게 스트로크하라.

▶ 만일 수구가 테이블 아래쪽으로 많이 내려와 있다 해도 이상천 선수는 무회전 끌어치기 샷을 하겠지만, 조금 다른 테크닉을 적용할 것이다. 그는 무회전 끌어치기 샷에 관한한 무한한 기술을 지니고 있는 듯하다.

---

7 러닝 잉글리시(running english) : 수구가 쿠션에 부딪힌 후 회전이 살아나는 현상

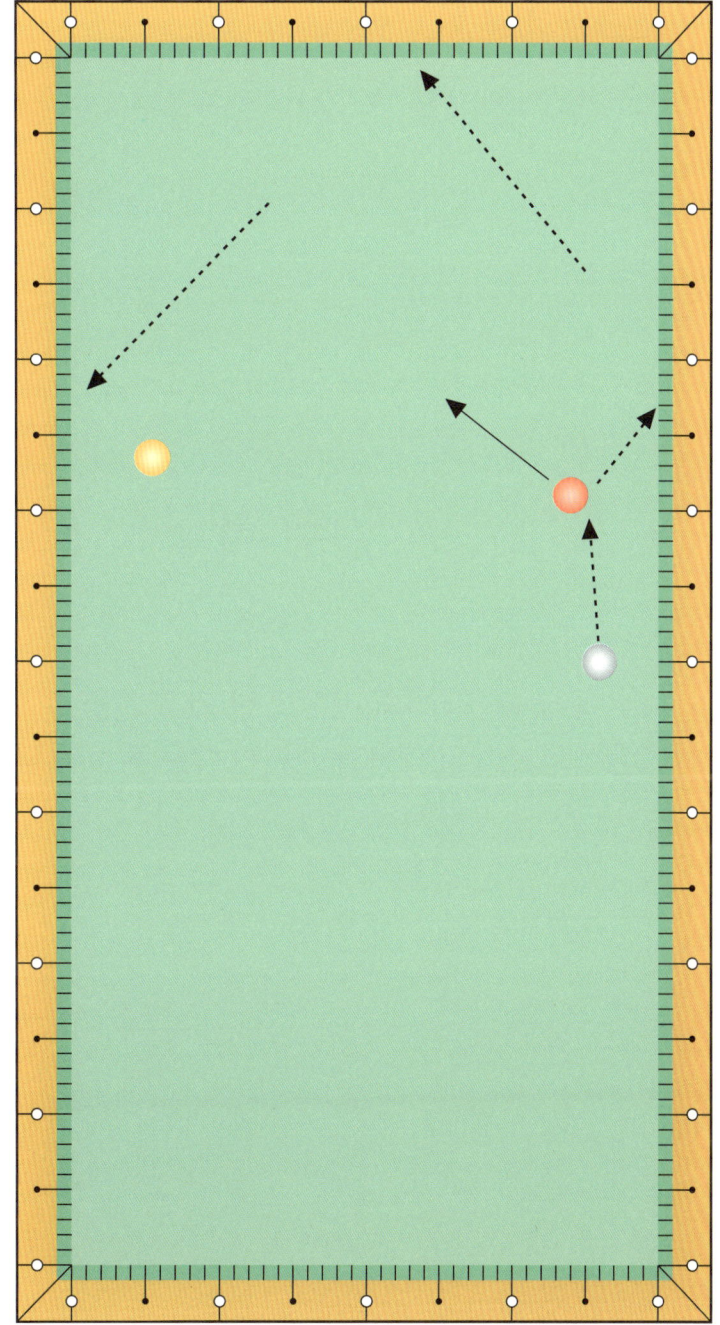

〈그림 128〉

LONG AND SHORT ANGLE SYSTEMS

주 의

4, 5, 6장만 가지고도 책 한 권을 만들 수 있다.
3장에서 소개된 내용과 관련된 많은 정보를 담고 있다.

웨스트 선수의 조언

▶ US오픈 당구대회의 역사상 13개 대회를 모두 석권한 전관왕선수는 **달라스 웨스트(Dallas West)** 가 유일하다. 그가 3장을 읽고 다음과 같이 조언해 주었다.

"쇼트앵글 시스템을 사용할 때, 수구에 맥시멈 당점을 주고 곧게 스트로크 하면 정확한 쇼트앵글 선을 찾아낼 수 있다. 이때 너무 강하게 스트로크하지 않도록 주의해야 하는데, 수구의 회전을 살려 진행시켜야 하기 때문이다.

이상천 선수의 무회전 끌어치기는 수구를 감각적으로 다루는 기술로, 정확도를 높여줄 뿐만 아니라 포지션 플레이에도 유용하다. 이 기술은 당구 선수들에게 '수구의 컨트롤'에 대한 새로운 장을 열어줄 것이다.

3쿠션 게임에서는 '어떤 샷을 구사해야 하는가' 하는 문제에 자주 부딪히게 된다. 정확한 샷인가, 아니면 조금 더 편하게 칠 수 있는 샷인가? 트랙을 파악하고 있다면 냉정하게 판단할 수 있을 것이다.

애스비 선수의 더블레일 시스템은 '킥 샷'에 매우 유용하게 쓰일 것이다. 이 책은 포켓볼 선수가 빠르고 쉽게 스리쿠션에 입문할 수 있도록 도와줄 것이다. 이 책을 접한 선수는 시스템 계산에 더욱 흥미를 갖게 될 것이고, 여기에 '감각'이 더해진다면 급속도로 발전할 수 있을 것이다."

빌리어드 아틀라스
THE BILLIARD ATLAS

시스템, 테크닉과 관련된 다양한 당구 도면을 집대성한 책.
샷을 조정할 수 있는 능력을 갖춰야 효력을 발휘할 수 있다.

Billiard ATLAS Chapter 4

플러스 시스템
Walt's Basic Plus System

여러분이 이 경이로운 시스템이 그리는 조단선에 익숙해진다면 다양한 난구를 해결할 수 있을 것이다.

대부분의 선수들은 플러스 시스템이 그리는 선이 생소한 관계로 사용을 꺼려 왔다. 필자가 롱 & 쇼트앵글 시스템의 기준 트랙과 단축에서의 조정값에 관해 연구하고 있을 무렵 이 시스템을 발견하게 되었다.

처음 이 시스템을 발견했을 때는 필자가 흡사 에디슨이나 콜럼버스가 된 기분이었다.

단축의 포인트는 이 시스템의 계산에 사용되지 않는다. 대신 가상의 장축을 이용하여 플러스 시스템을 완성하였다.

플러스 시스템을 익히는 첫 번째 단계는 기준 변화폭을 암기하는 것이고, 두 번째 단계는 조단선을 암기하는 것이며, 세 번째 단계는 수구가 까다로운 지점에 위치할 경우 1쿠션 지점을 계산을 통해 정확히 파악하는 것이다.

- 플러스 시스템의 예
- 조단선
- 플러스 시스템의 전환
- 플러스 시스템의 기준 트랙
- 플러스 시스템의 문제

플러스 시스템의 예
Plus Return Examples

▶〈그림 129〉에서 두 가지 예가 제시되었는데, 쉽게 이해할 수 있을 것이다.

▶ 수구 수가 10이고 X를 향해 있을 때, 수구는 35를 향해 돌아오고 변화폭은 25이다.

▶ 수구 수가 60이고 X를 향해 있을 때, 수구는 60을 향해 돌아오고 변화폭은 0이다. 그림에서 F로 표시되어 있다.

▶ X는 코너에서 급격히 꺾이는 현상을 방지하기 위해 지정되었다. 수구 수가 50아래로 내려갈수록 코너에서 꺾이는 정도를 측정하기 어려워진다. 이 위치에서는 수구의 당점과 속도 조절이 매우 중요하며, 소가드 당구대에서는 더더욱 그러하다.

▶ 당구대 체크 : 수구가 오른쪽 그림처럼 진행하지 않는 당구대도 존재한다. A선의 변화폭이 27이 될 수도 있다. 그럴 경우 수치를 1/4포인트 정도 내려서 적용하라.

▶ 포켓볼의 경우 : X를 1/2포인트 정도 위로 이동시킨 후 위의 시스템을 적용하라.

※ 포켓볼 관련 예시는 책의 뒷부분에 나와 있다.

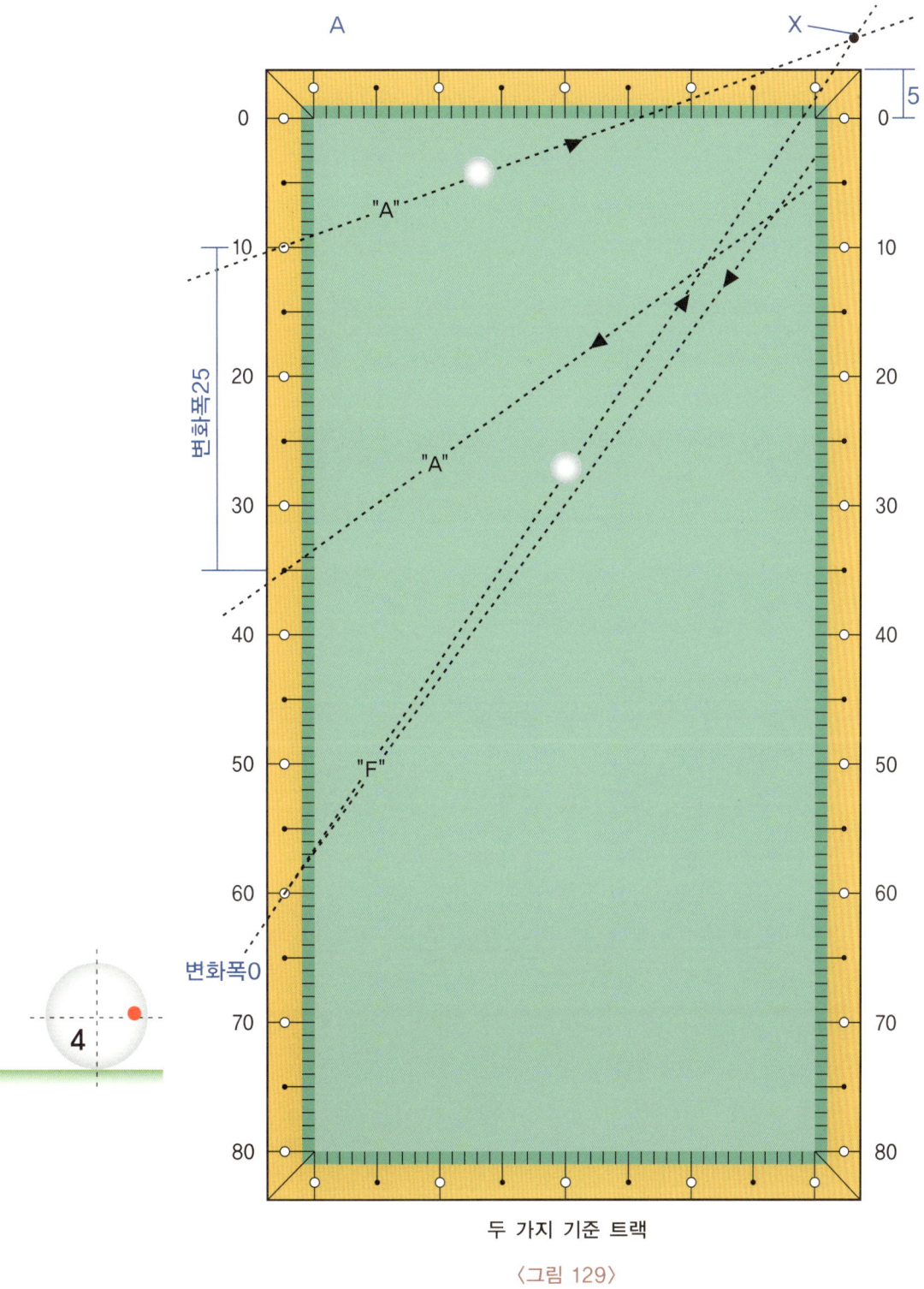

두 가지 기준 트랙

〈그림 129〉

WALT'S BASIC PLUS SYSTEM

플러스 시스템의 기준 트랙
Walt's Basic Plus System Returns

▶ 수구 수는 오른쪽 그림처럼 10에서 80까지이다.

▶ 각 수구 수에서의 변화폭은 그림 오른쪽에 제시되어 있고, 필히 암기해야 한다.

▶ 변화폭을 암기하는 것은 매우 쉽다. 장축의 각 포인트마다 변화폭이 0.5포인트씩 차이가 난다.

▶ 플러스 시스템의 법칙 : 수구가 X를 향할 때, 변화폭이 0인 지점(진로F)과 수구 수 사이 중간 지점으로 돌아온다.

▶ 예 : 1. 수구 수가 20이고 X를 향할 경우, 3쿠션 째에 40을 향해 돌아오고 변화폭은 20이다.
　　　2. 수구 수가 30이고 X를 향할 경우, 3쿠션 째에 45를 향해 돌아오고 변화폭은 15이다.
　　　3. 수구 수가 60이고 X를 향할 경우, 3쿠션 째에 60을 향해 돌아오고 변화폭은 0이다. 이를 기선(基線, Base line)이라 부른다.

▶ 변화폭을 계산하는 또다른 방법은 기선과 수구 수 사이의 거리를 2로 나누는 것이다.

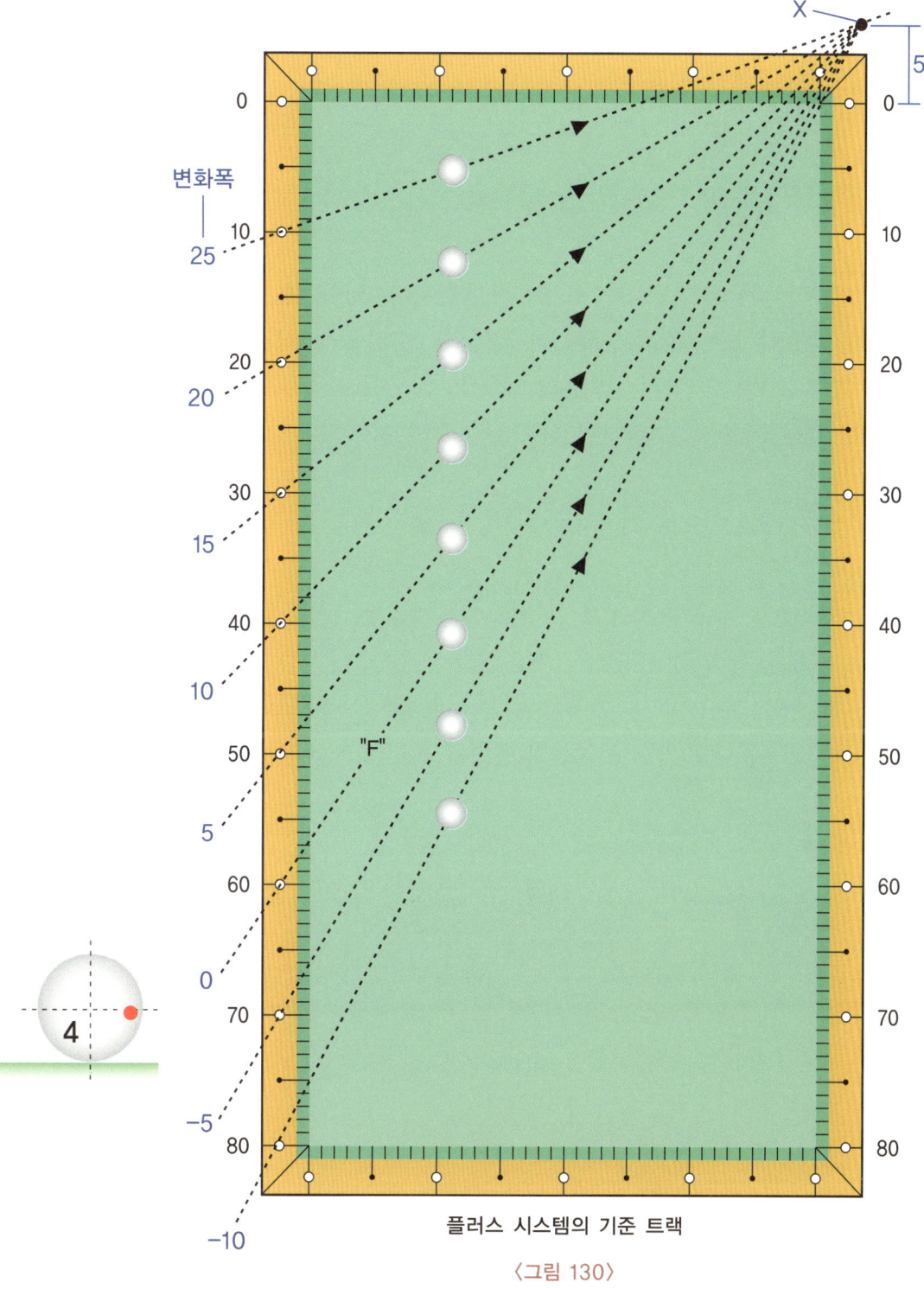

플러스 시스템의 기준 트랙

〈그림 130〉

WALT'S BASIC PLUS SYSTEM

조단선
Plus Back-Ups

▶ 변화폭과 조단선은 절묘한 조화를 이룬다.

▶ 〈그림 131〉은 자주 쓰이는 6가지 조단선이다. 당구대를 테스트할 때 조단선을 검토해 보는 것이 중요하다. 쿠션의 천이 오래되었거나, 공이 더럽거나 하면 조단선이 크게 차이난다. 소가드 당구대나 짧아지는 당구대의 조단선은 일반 조단선과 차이가 난다.

▶ 3쿠션에서 4쿠션으로 이어지는 조단선은 필히 암기해야 할 사항이다.

▶ 예 : 트랙A는 수구 수가 10이고 X를 겨냥했을 때 35로 돌아오는 선이다(변화폭은 25이다). 조단선을 확인하라.
  트랙B는 수구 수가 20이고 X를 겨냥했을 때 40으로 돌아오는 선이다(변화폭은 20이다). 조단선의 변화를 확인하라.

▶ 주의 : 1. 굵게 표시된 부분의 조단선의 진로이다.
     2. 잘 미끌어지는 당구대일 경우 조단선은 조금 길어진다.

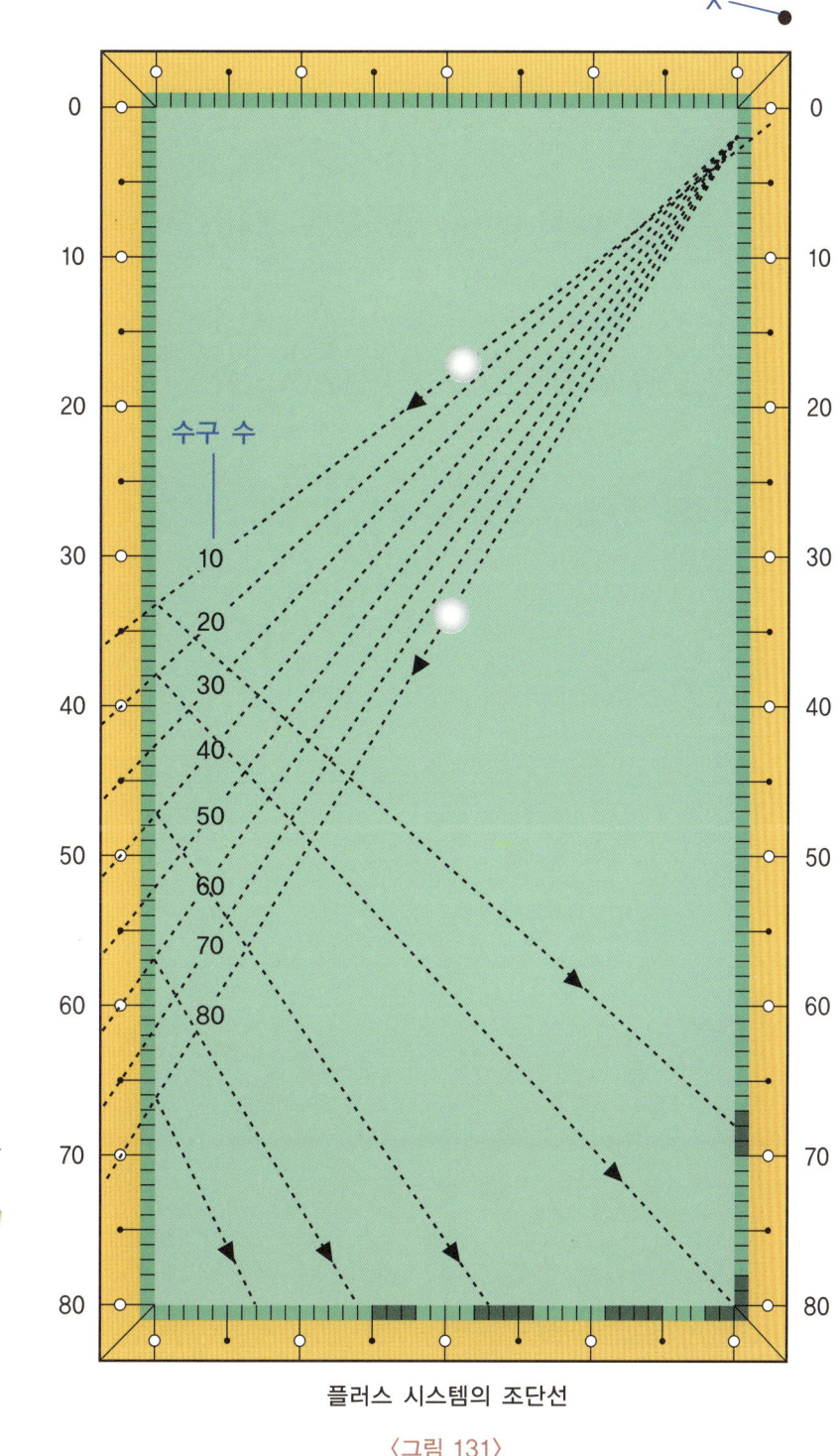

플러스 시스템의 조단선

〈그림 131〉

WALT'S BASIC PLUS SYSTEM

플러스 시스템의 문제
Plus Problem Example

▶ 수구가 기준 트랙에서 벗어나 있을 경우 플러스 시스템을 어떻게 적용할 것인가?

▶ 〈그림 132〉에서 바람직한 3쿠션 지점은 50임에 유의하라.

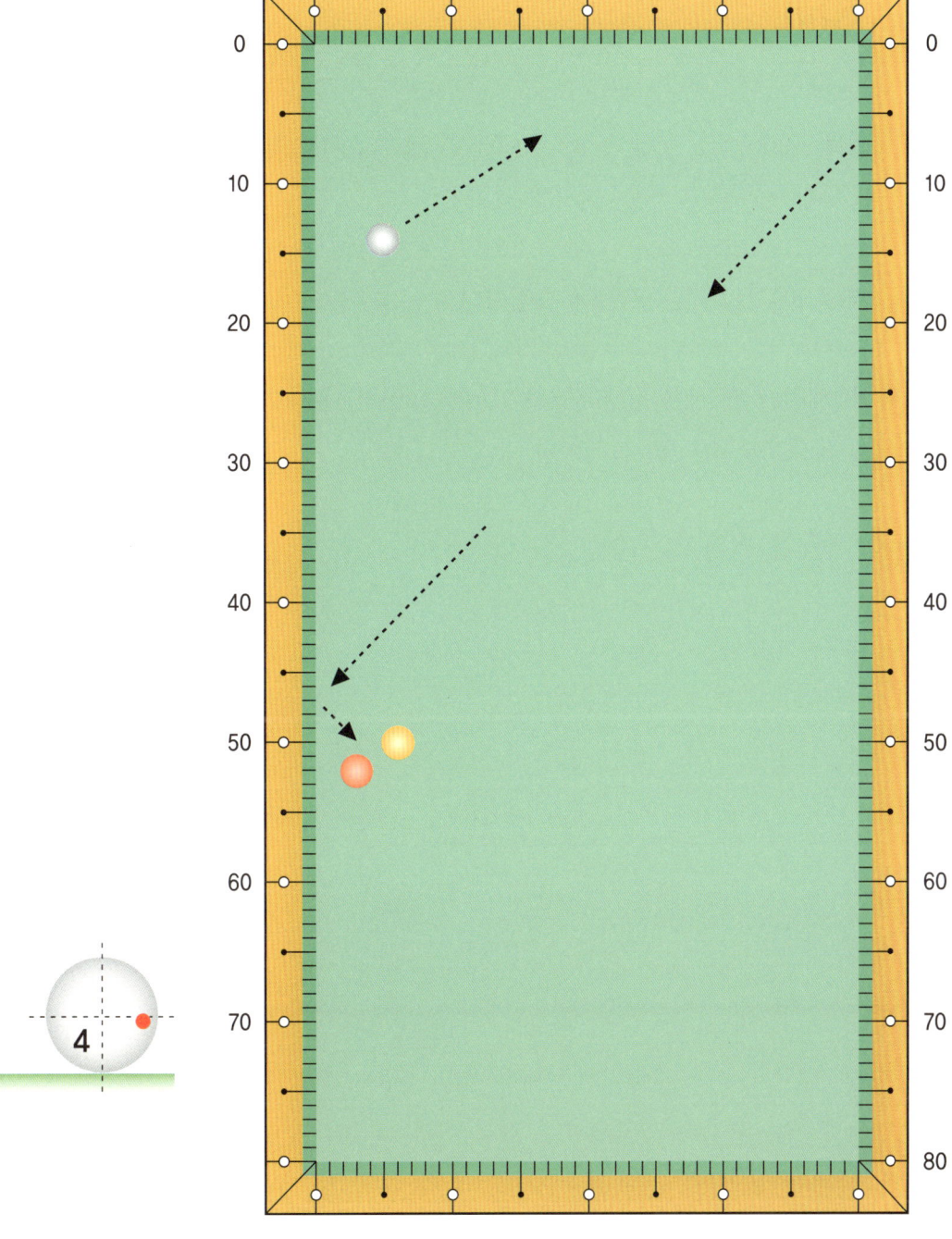

〈그림 132〉

플러스 시스템의 전환
Plus Shift

▶ 이 문제를 해결하기 위해, X를 겨냥했을 때 3쿠션째에 50으로 돌아오는 기준 트랙에서의 수구 수를 생각해 보라.

▶ 수구 수 40에서의 기준 트랙이 그러하다.

▶ 장축 40에서 X를 거쳐 당구대에서 10피트(3미터) 정도 떨어진 벽의 한 지점(spot on the wall)을 응시하라.

▶ 그리고 수구를 벽의 한 지점에 겨냥하라.

※ 3쿠션 지점이 60에서 80사이인 경우 기준 트랙은 당구대 밑으로까지 뻗어나가게 되고(수구 수가 90, 100이 되기 때문에), 변화폭은 마이너스가 될 것이다.

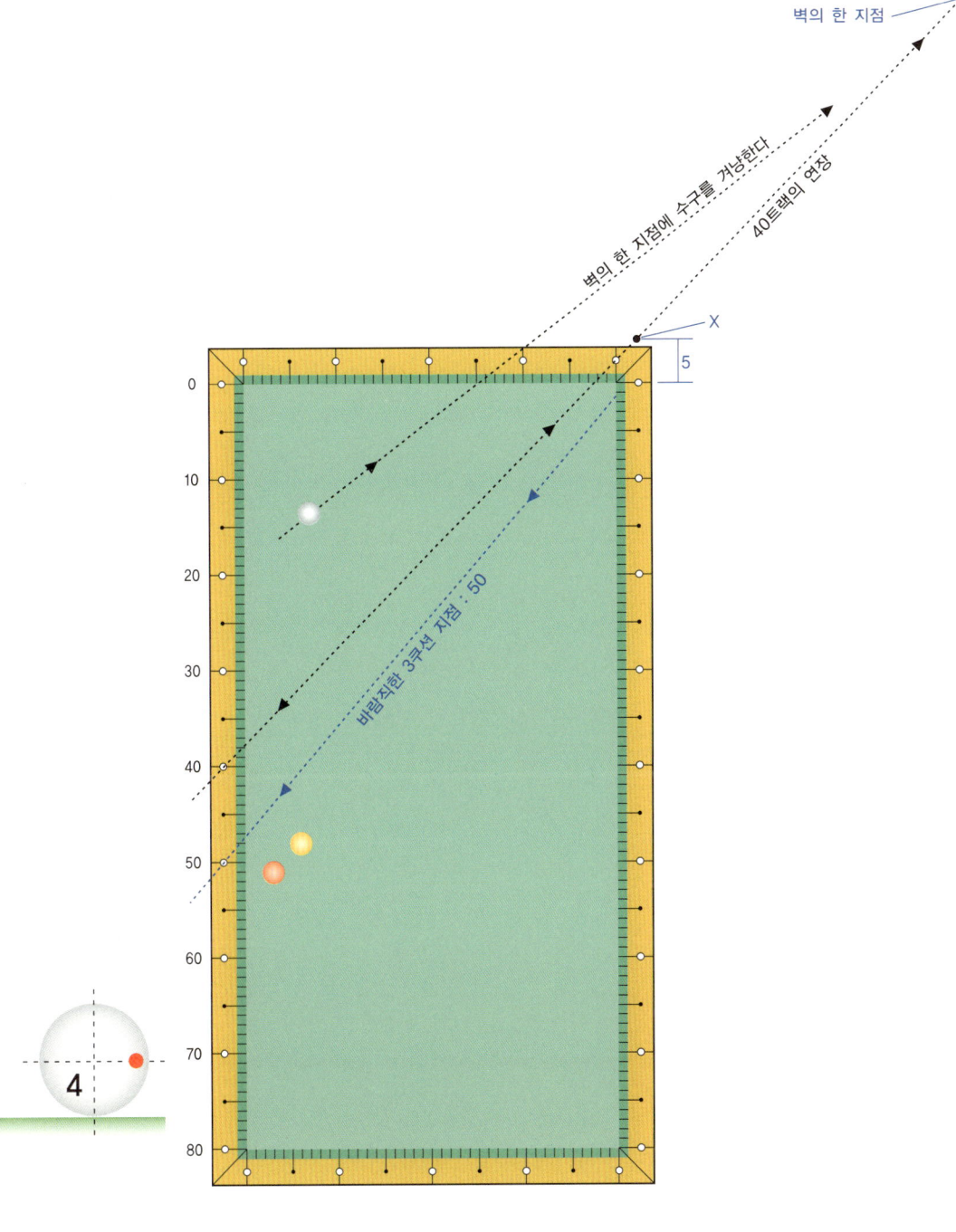

〈그림 133〉

WALT'S BASIC PLUS SYSTEM

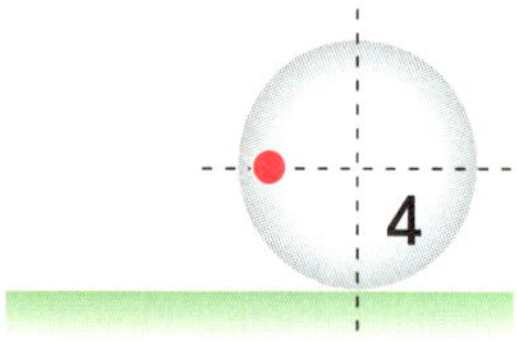

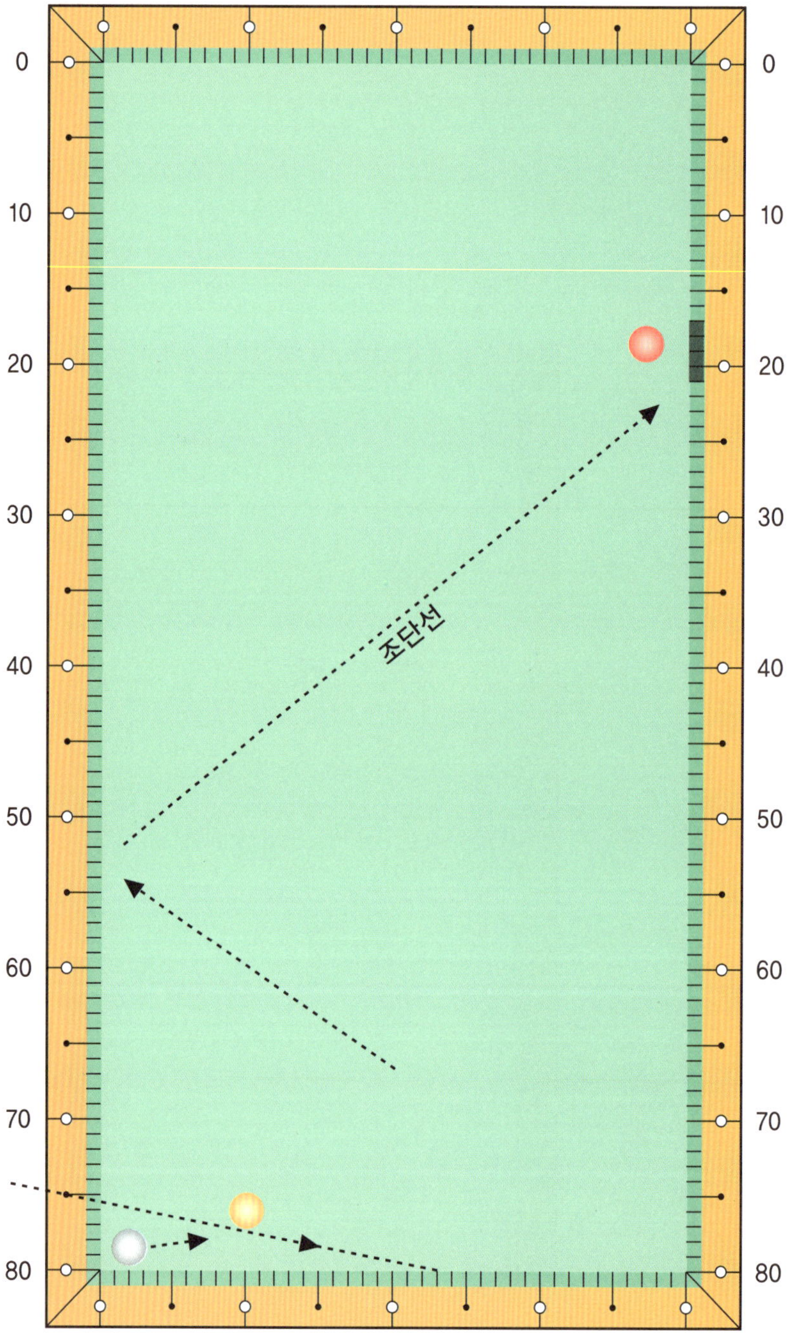

플러스 시스템의 맥시멈 각

〈그림 134〉

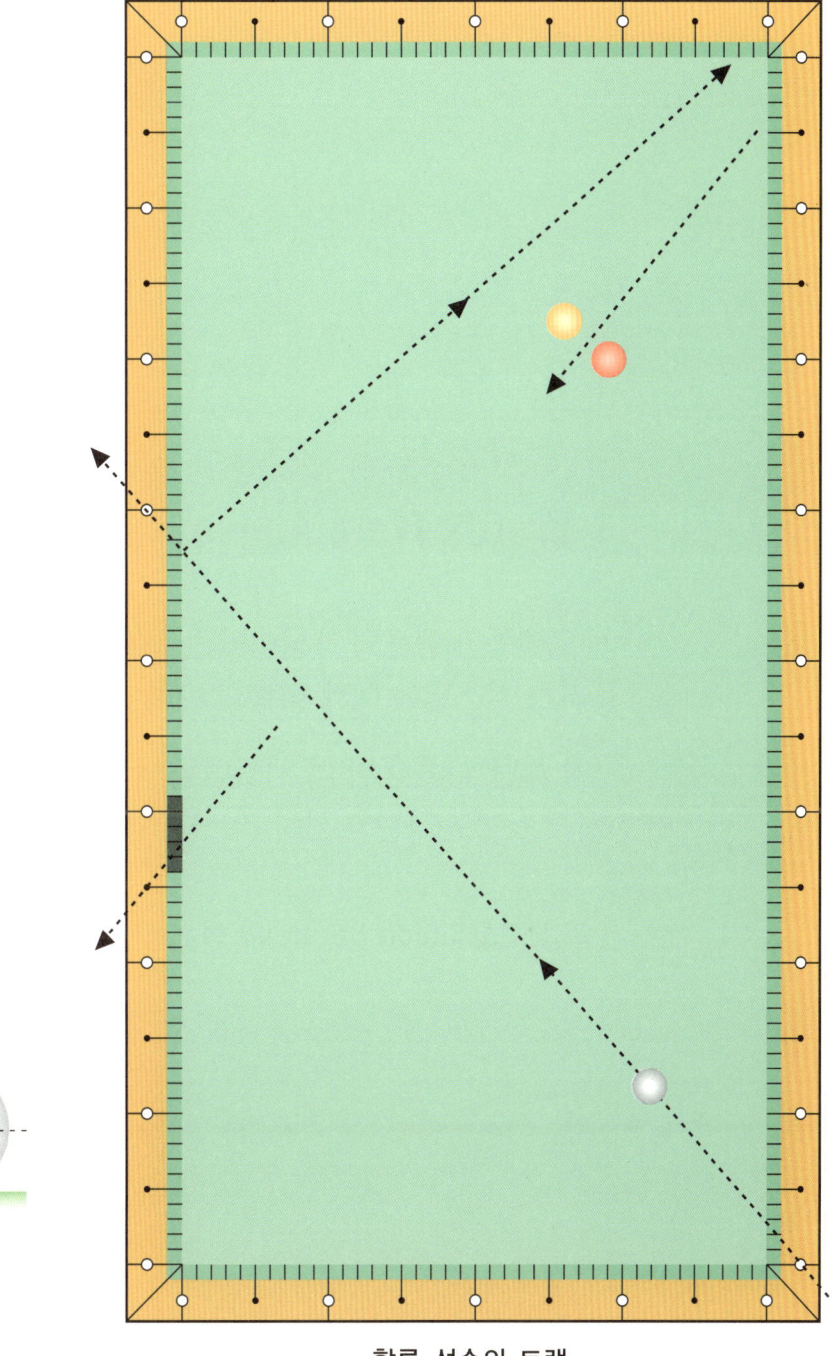

할론 선수의 트랙

〈그림 135〉

고수들의 조언
Words From Above

오랫동안 공포의 대상이었던
플러스 시스템은 이제 정복되었다.

왜 지난 50년 동안 이 시스템을
발견하지 못했는지는 여전히 미스테리다.

– 조 벤트렐리(Joe Ventrelli) 선수 –

고수들의 조언
Words From Above

트랙을 읽는 것도 중요하지만,
언제건 수구를 원하는 지점에 보낼 수 있는 기량을
겸비하지 못한다면 아무 소용이 없다.

Billiard
ATLAS

Billiard ATLAS Chapter 5

다이아몬드 시스템
Diamond and Track Systems

필자는 구(舊) 다이아몬드 시스템을 혐오했다. 물론 기량이 출중한 몇몇 선수들은 이 시스템을 능숙하게 사용하지만, 초심자들에게 이 시스템을 가르치는 것만큼 우스운 일도 없을 것이다.

필자는 40~50년 구력을 가진 선수들이 아직도 구 다이아몬드 시스템을 가지고 씨름하는 모습을 여러 번 보아 왔다.

이 장에서는 구 다이아몬드 시스템과는 다른 빈쿠션치기 방법을 소개할 것이다. 소개된 다양한 숫자를 암기하면 상당히 정확한 샷을 구사할 수 있다. 기초적인 다이아몬드 시스템은 상당히 복잡하다는 사실을 명심하라.

이제 여러분은 그 어떤 당구대에서도 쉽고 빠르게 수치를 조정할 수 있다.

챔피언쉽 시합처럼 큰 경기에 사용되는 당구대는 일반 당구대와는 현격히 다르며, 평소에는 거의 볼 수 없다. 공과 쿠션도 새 것이고, 당구대도 따뜻하게 유지된다. 당구대의 슬라이드가 대부분의 선수들에게 익숙하지 않으므로 수구의 진행 방향도 미세한 차이를 보이게 된다.

- 다이아몬드 시스템의 트랙
- 두 가지 트랙
- 80-30 트랙 1
- 80-0 트랙
- 여타 기준 트랙
- 5쿠션-6쿠션의 선
- 80-10 가시선
- 오차 조정을 통한 새로운 선 긋기
- 구 다이아몬드 시스템의 문제 A
- 80-30의 기준 트랙
- 80-30 트랙 2
- 4쿠션에서의 기준 트랙
- 속도7이 그리는 트랙
- 월트의 기준 트랙
- 가시선
- 간단한 3쿠션 지점 계산법

다이아몬드 시스템의 트랙
Diamond System Tracks

▶ 〈그림 136〉이 바로 그 유명한 구 다이아몬드 시스템이다.

▶ 필자는 1947년 처음 이 시스템을 접했는데, 제대로 적용하기 위해 몇 년 동안 이 시스템을 잡고 씨름했었다.

▶ 3쿠션 지점과 4쿠션 지점의 '변화폭'에 유의하라.

▶ 현재 정상급 선수들 대부분은 이 시스템을 사용하지 않는다. 사용하더라도 수구의 당점과 속도는 개인차에 따라 조절된다.

▶ 전미 챔피언이었던 한 선수는 "내가 사용하는 시스템은 나만의 고유한 것이어서, 보편적으로 통용되기 힘들다."라고 말하기도 했다.

▶ 일반 선수들은 왜 호프(Hoppe)와 같은 사람이 우리를 이렇게 헷갈리게 하는지 이해하지 못한다. 그래서 우리는 수구의 당점을 표준화할 수 있다고 가정했다.

▶ 지금도 무수한 선수들이 조정값을 사용하거나 수구의 당점을 조절하지 않으면서 무작정 이 시스템을 신봉하고 있다.

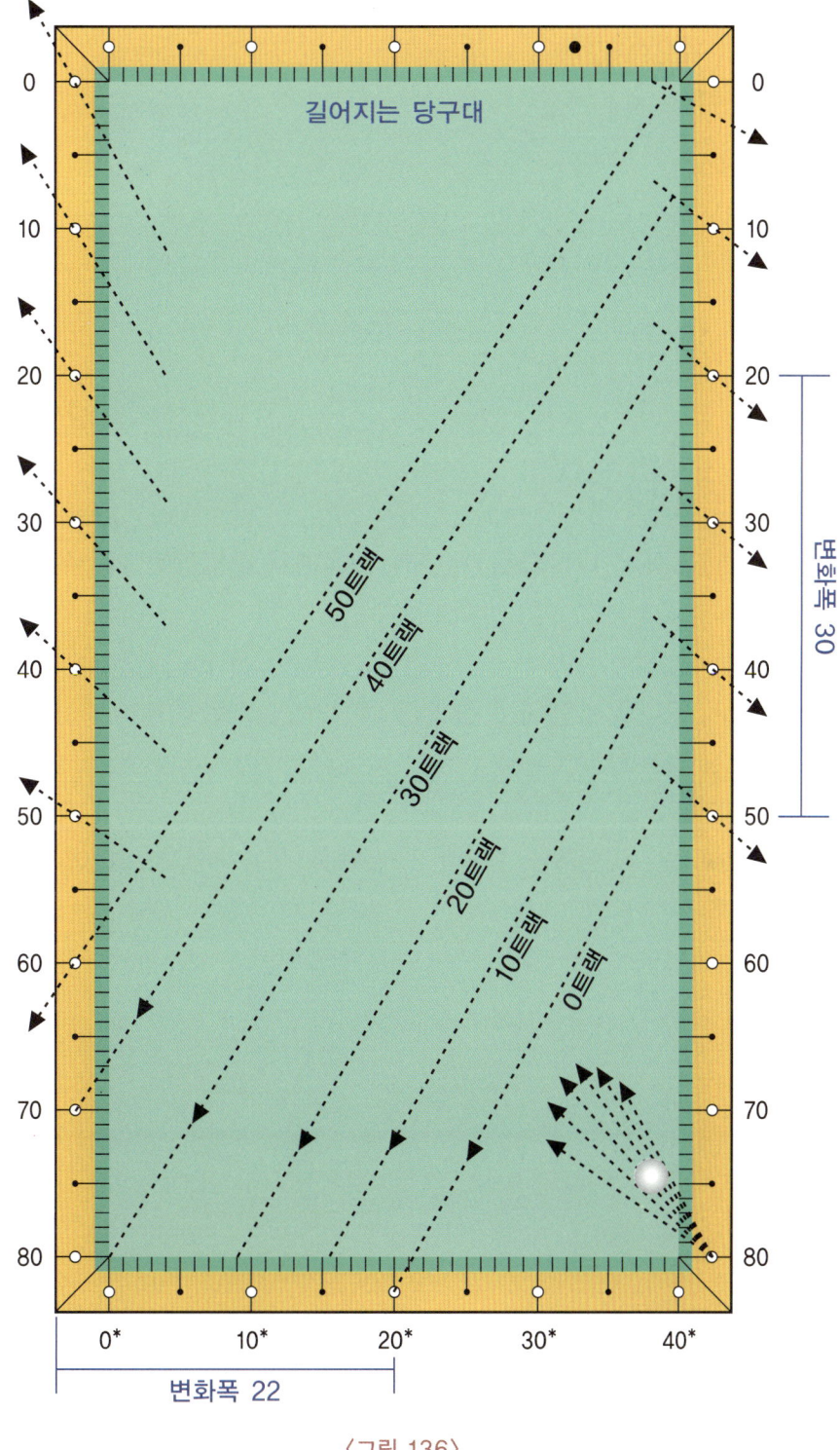

〈그림 136〉

구 다이아몬드 시스템의 문제 A
Diamond System, Problem A

▶ 구 다이아몬드 시스템의 또 다른 문제는 코너의 수구 수에 있다.

▶ 수구가 코너에서 출발할 때, 수구 수는 80이 되어야 한다.

▶ 수구가 코너에서 벗어나 있을 경우, 선수들은 대개 정확한 포인트에 의거해 수구의 진로를 계산한다.

▶ 〈그림 137〉에서 나타나듯, 수구가 코너에서 출발하여 반대쪽 코너를 향할 경우 수구 수는 84정도가 된다.

▶ 코너에서 코너로 진행하는 선과 코너에서 50으로 진행하는 선에서 수구 수는 0.3포인트 차이가 난다.

▶ 왜 다른 모든 계산에는 정확한 포인트를 적용하면서 코너에서만은 그렇지 못한가?

※ 코너를 향해 겨냥할 때도 같은 원리가 적용된다. 코너 위쪽 가상 장축의 포인트까지 계산해 주어야 함을 명심하라.

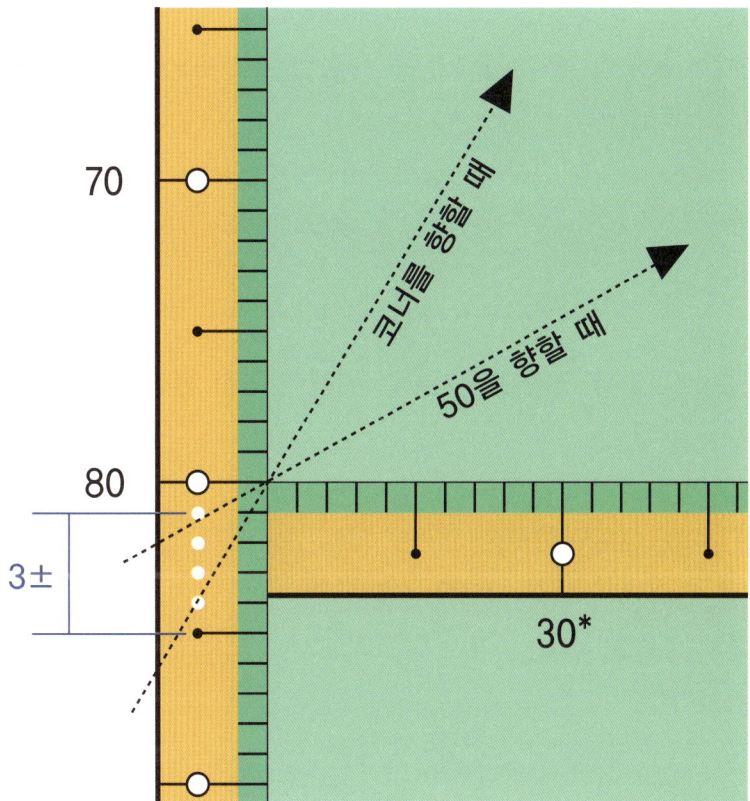

〈그림 137〉

두 가지 트랙
Two Diamond Tracks

▶ 구 다이아몬드 시스템에서의 두 가지 트랙(G, H)을 따라 수구를 굴려 보라.

▶ 수구가 정확히 트랙을 따라 가려면 수구의 당점과 속도에 조절이 필요함을 깨닫게 될 것이다.

▶ 예전에 한 프로선수가 "수구의 당점과 속도 조절에 문제가 있는데?"라고 지적한 적도 있다.

▶ 이 시스템을 배우고자 하는 초심자들을 위해 간단한 원칙을 소개하겠다.

　1. 수구의 속도를 표준화하라.
　2. 수구의 당점을 표준화하라.
　3. 1, 2번을 토대로 수구의 진로를 설정하라.
　4. 이를 통해 도출된 수치는 어느 당구대에서나 적용 가능하며 오차도 조정 가능하다.

※ 잘 미끄러지는 당구대의 경우 트랙이 길어질 수 있다.

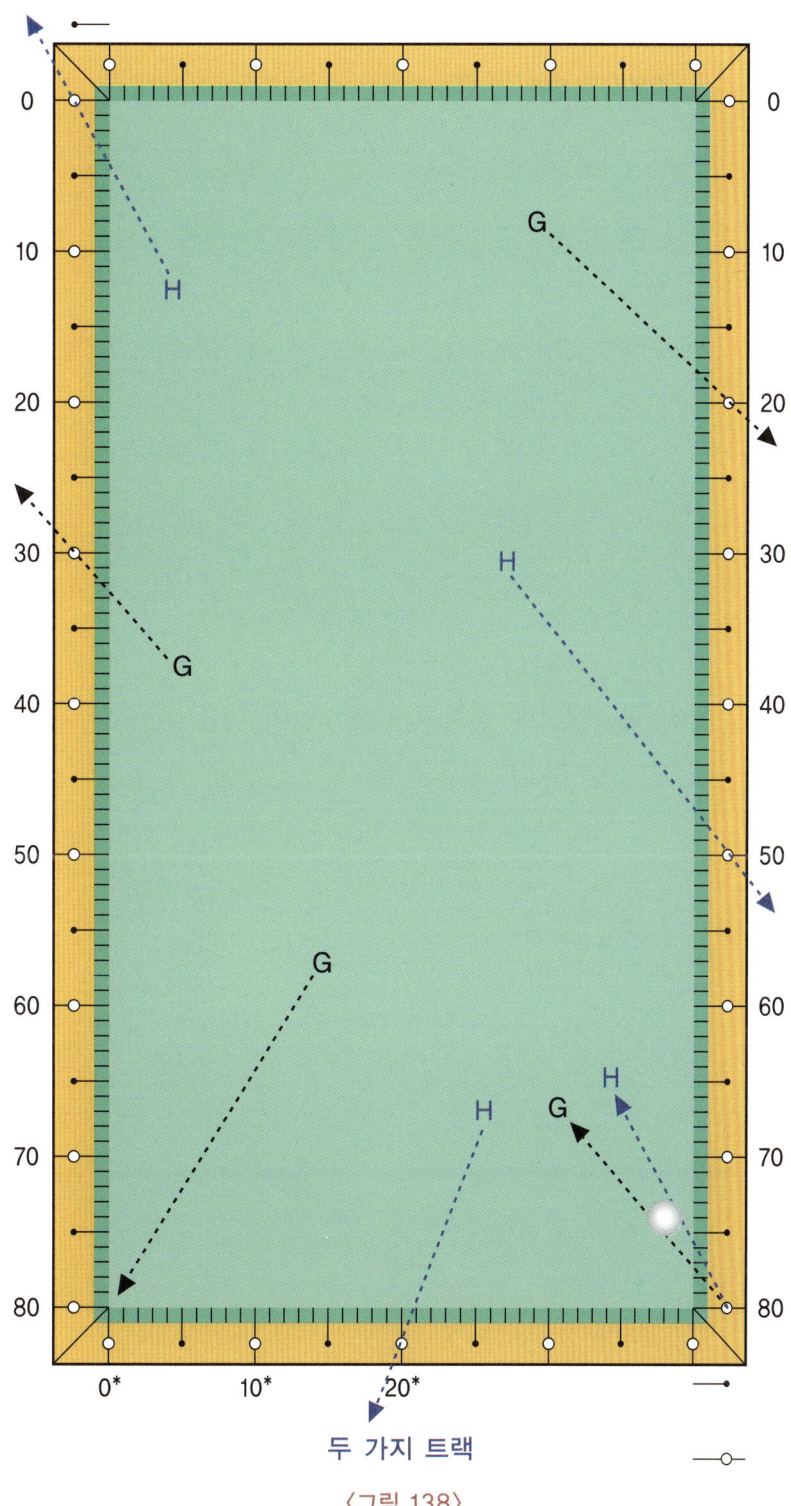

두 가지 트랙

〈그림 138〉

DIAMOND AND TRACK SYSTEMS

80-30의 기준 트랙
80-to-30 Basic Track

▶ 수구 속도와 당점을 표준화하고, 각 쿠션마다 도달하는 지점을 암기하자.

▶ 필자는 수많은 당구대에서, 각 코너마다 이 샷을 검토해 보았다.

▶ 특정 코너에서 혹은 특정 당구대에서 도달 지점이 달라지기도 했다.

▶ 필자는 80-30선에서 '표준 쿠션 수(數)'를 도출하기 위해 이 실험을 실시했다. 그 결과는 〈그림 139〉에 제시되어 있다.

▶ 선수들이 당구대를 파악하고자 할 때 이 샷을 활용할 수 있다. 대체로 4쿠션 지점은 당구대마다 차이가 난다.

▶ 옆회전을 많이 주고 스트로크해야 수구를 부드럽게 때릴 수 있고, 1적구의 진로도 정확히 알 수 있다.

▶ 위의 사항은 키스 피하기와 포지션 플레이에서도 매우 중요하다.

※ 잘 미끄러지는 당구대의 경우 0.2~0.4포인트 정도 차이가 난다.

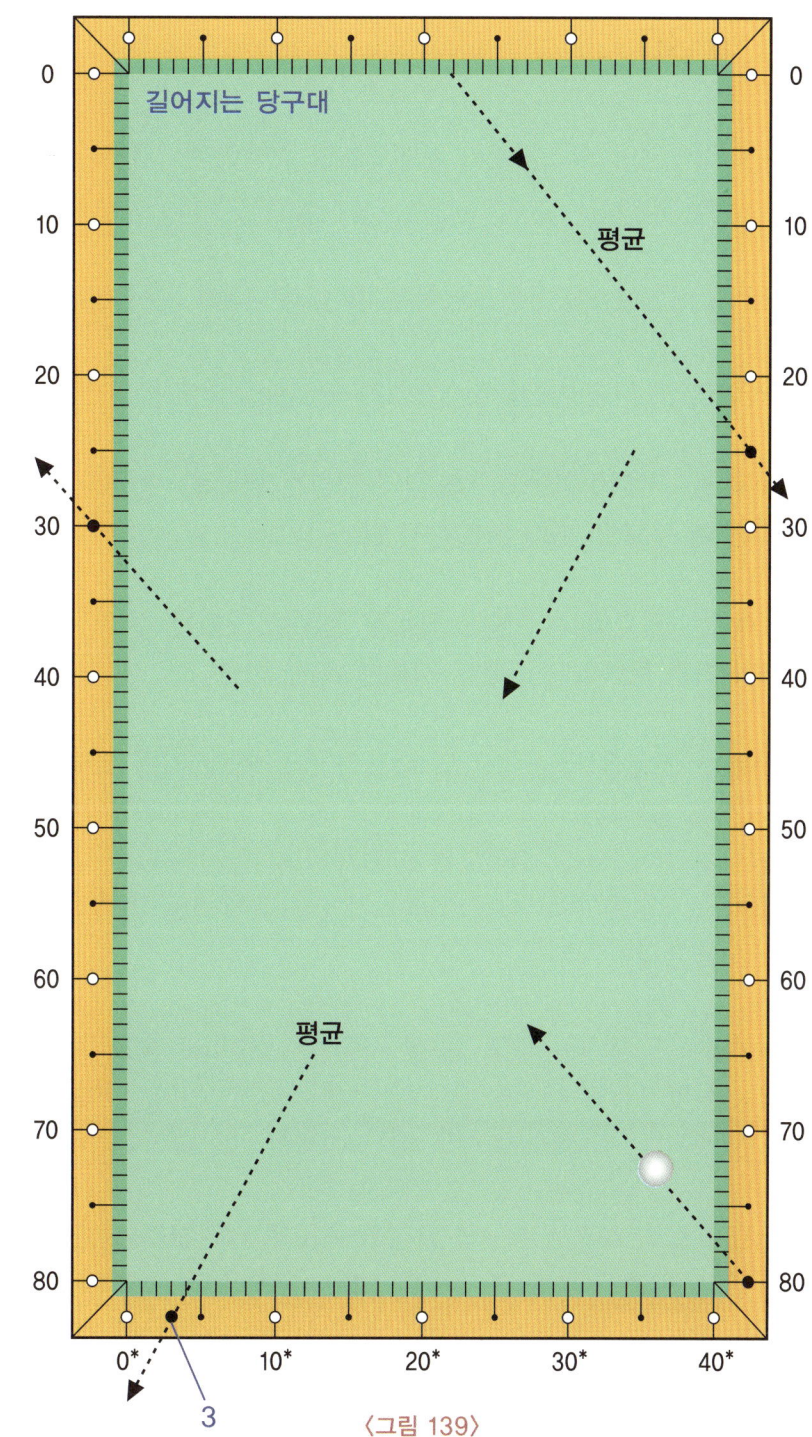

〈그림 139〉

80-30 트랙 I
80 to 30

▶ 구 다이아몬드 시스템에서 애매모호한 개념이 두 가지 있다면 바로 '당점' 과 '속도'이다.

▶ 오른쪽 그림은 80-30 트랙에서 파생되는 다섯 가지 선이다.

▶ 트랙A는 구 다이아몬드 시스템에서 수구의 진로로써, 3쿠션 지점은 20이다.

▶ 트랙B는 구 다이아몬드 시스템의 변형된 형태로, 수구의 끝이 20포인트 앞(칼끝)에 부딪힌다(20을 향하지 않는다).

▶ 트랙C는 필자의 시스템이 적용된 경우로, 2팁을 주고 수구의 속도가 3일 때의 기준 트랙이다. 3쿠션 지점은 23을 향한다.

▶ 트랙D는 2팁을 주고 수구의 속도가 5일 때의 기준 트랙으로, 3쿠션 지점은 25를 향한다.

▶ 트랙E는 2팁을 주고 수구의 속도가 7일 때의 기준 트랙으로, 3쿠션 지점은 27을 향한다.

▶ 수구의 속도가 5일 때의 3쿠션 지점을 암기하라. 속도가 3일 경우는 0.2포인트를 빼고 7일 경우는 0.2포인트를 더하면 된다. 더욱 세밀하게 나눌 수도 있겠지만, 이 정도만 해도 매우 정확한 계산법이다.

▶ 필자가 트랙 A에서 수구의 당점과 속도를 달리하여 실험해 본 결과 코너에서 30, 30에서 20으로 수구를 보낼 수 있었다. 필자의 경험상 수구의 당점은 높고, 옆회전을 많이 주지 않은 상태에서 천천히 쳐야 가능하다.

※ 잘 미끄러지는 당구대의 경우 0.2~0.4포인트 정도 길어질 것이다.

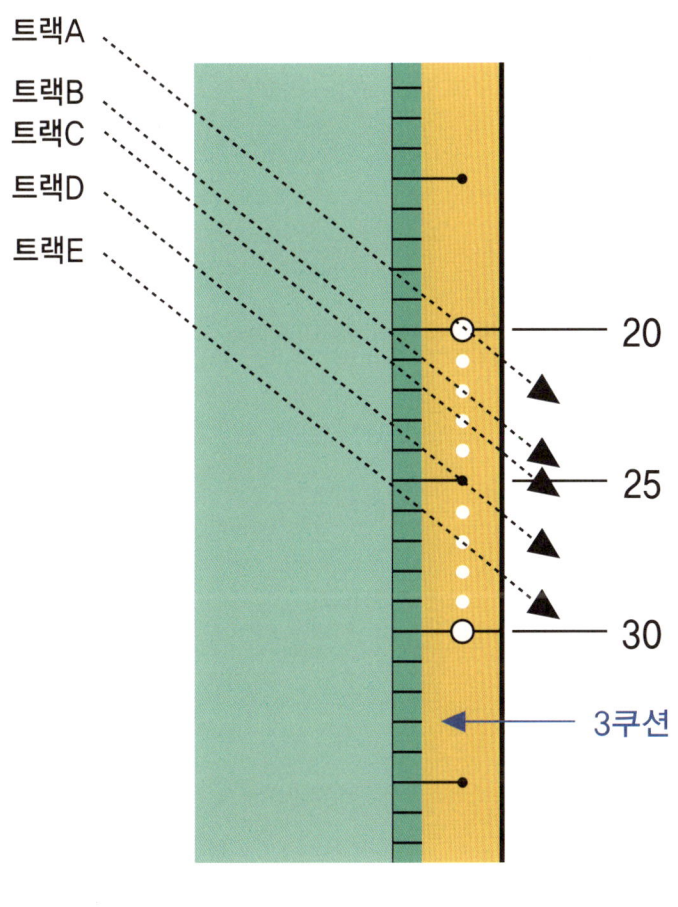
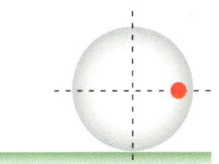

〈그림 140〉

DIAMOND AND TRACK SYSTEMS

80-30 트랙 2
80-to-30 Returns

▶ 앞 장과 이어지는 내용으로 수구의 4쿠션 지점에 관한 것이다.

▶ 〈그림 141〉과 같은 수구의 진로는 브룬스위크(Brunswick) 당구대나 잘 관리된 위헬미나(Wihelmina) 당구대처럼 길어지는 당구대에서 나타난다.

▶ 소가드 당구대에서는 수구의 속도를 5로 조정하였다.

▶ 이 경우 소가드 당구대의 4쿠션 지점은 C나 D가 될 것이다(둘의 차이는 경미하다).

▶ 이는 필자가 테스트한 결과이다.

※ 잘 미끄러지는 당구대의 경우 0.2~0.4포인트 정도 길어질 것이다.

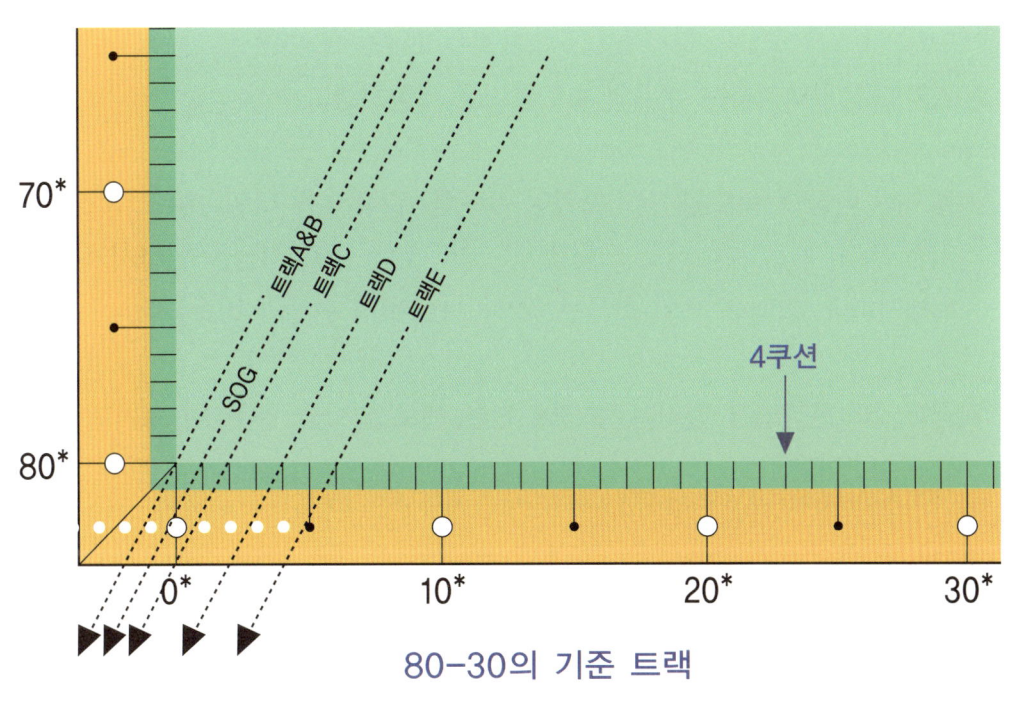

80-30의 기준 트랙

〈그림 141〉

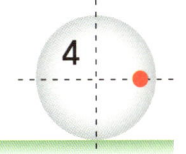

80-0 트랙
80-to-0 Returns

▶ 필자가 연구한 또 하나의 트랙이 바로 80-0 트랙이다. 4쿠션 지점에서의 다양한 변화를 확인하라.

▶ 소가드 당구대에서는 수구의 속도를 5로 조정하였다.

▶ 필자는 당점과 속도를 달리해가며 수구를 트랙A(구 다이아몬드 시스템의 기준 트랙) 대로 보내려고 노력했다. 코너-코너-20* 지점을 연결시켜 보기 위해서이다. 그때 수구의 회전은 마세(masse)의 회전과 비슷했다.

▶ 공이 실리콘칠되어 있거나 쿠션에 천을 새로 입혔을 경우 이 트랙대로 보낼 수 있었다.

▶ 구 다이아몬드 시스템에서는 수구의 당점과 속도가 일정할 수 없었다. 이는 코너-코너, 코너-30 트랙에서 이미 밝혀졌다. 수구를 트랙대로 보내기 위해서는 수구의 당점과 속도가 항상 바뀌어야 한다.

※ 잘 미끄러지는 당구대의 경우 0.2~0.4포인트 정도 길어질 것이다.

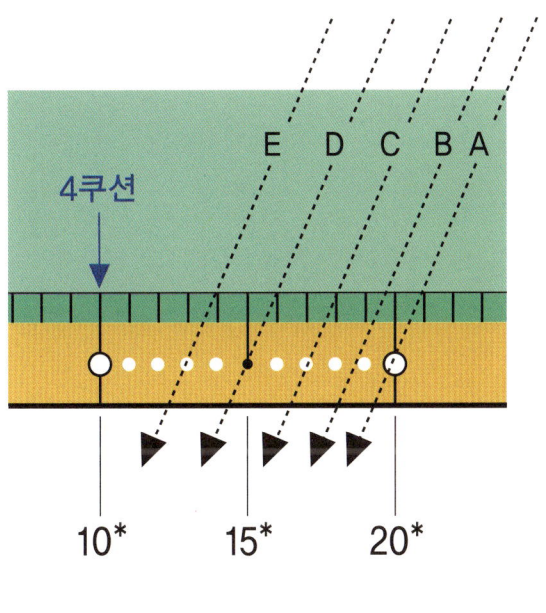

〈그림 142〉

4쿠션에서의 기준 트랙
Basic Tracks For Four Rails

▶ '기준 수치(쿠션 지점)'의 목록을 작성하기 위해 필자는 더 많은 트랙을 개발하였다.

▶ 쿠션의 수(數)는 독자들이 쉽게 암기할 수 있도록 하나씩 소개하겠다.

▶ 〈그림 143〉은 길어지는 당구대에서 수구 속도가 5일 때 그려지는 트랙임을 명심하라.

▶ 또한 3쿠션과 4쿠션에서의 변화폭(80-0 트랙과 80-30 트랙 사이)을 주목하라.

▶ 구 다이아몬드 시스템에서의 변화폭은 오른쪽 그림보다 50% 이상 크다. 독자들께서 확인하고 싶다면 구 다이아몬드 시스템을 학습하길 바란다.

▶ 3쿠션 지점의 수(數)와 4쿠션 지점의 수가 필자가 찾고자 하는 수치이다.

▶ 앞으로 이용할 어떤 당구대에서도 이 수치를 활용해 조정해야 한다.

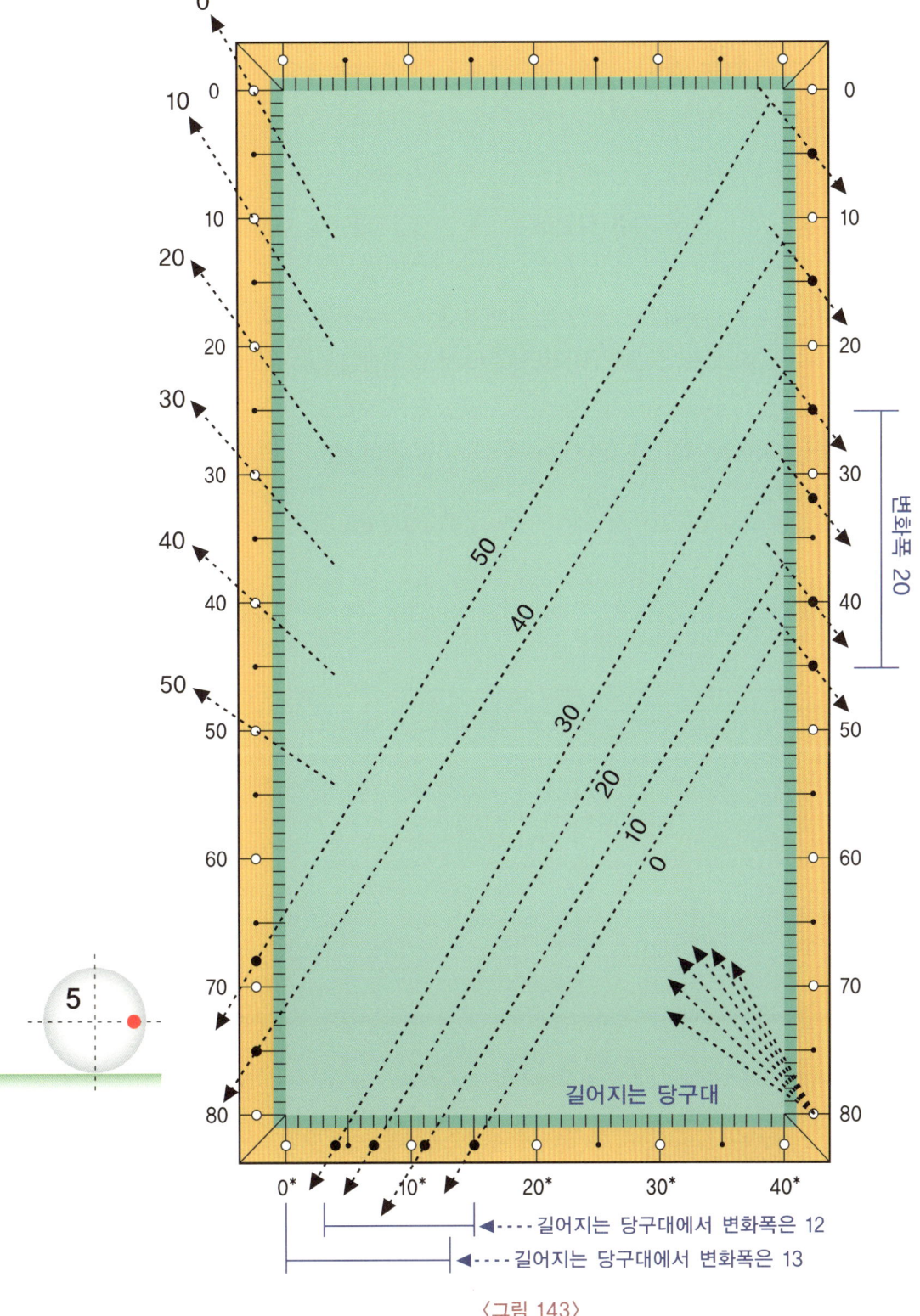

〈그림 143〉

DIAMOND AND TRACK SYSTEMS

여타 기준 트랙
More Basic Rail Tracks

▶ 앞 장에서 소개한 기준 트랙에 수구 수 3가지를 더 추가하였다.

▶ 3쿠션, 4쿠션 지점은 필히 암기해야 한다. 수구의 속도는 마찬가지로 5이다. 수구 속도가 3이나 7이라면 앞에서 소개한 대로 조정하면 된다.

▶ 6쿠션 지점을 찾고자 한다면 수구 수 10*에서 속도 7로 샷해 보는 것이 바람직하다.

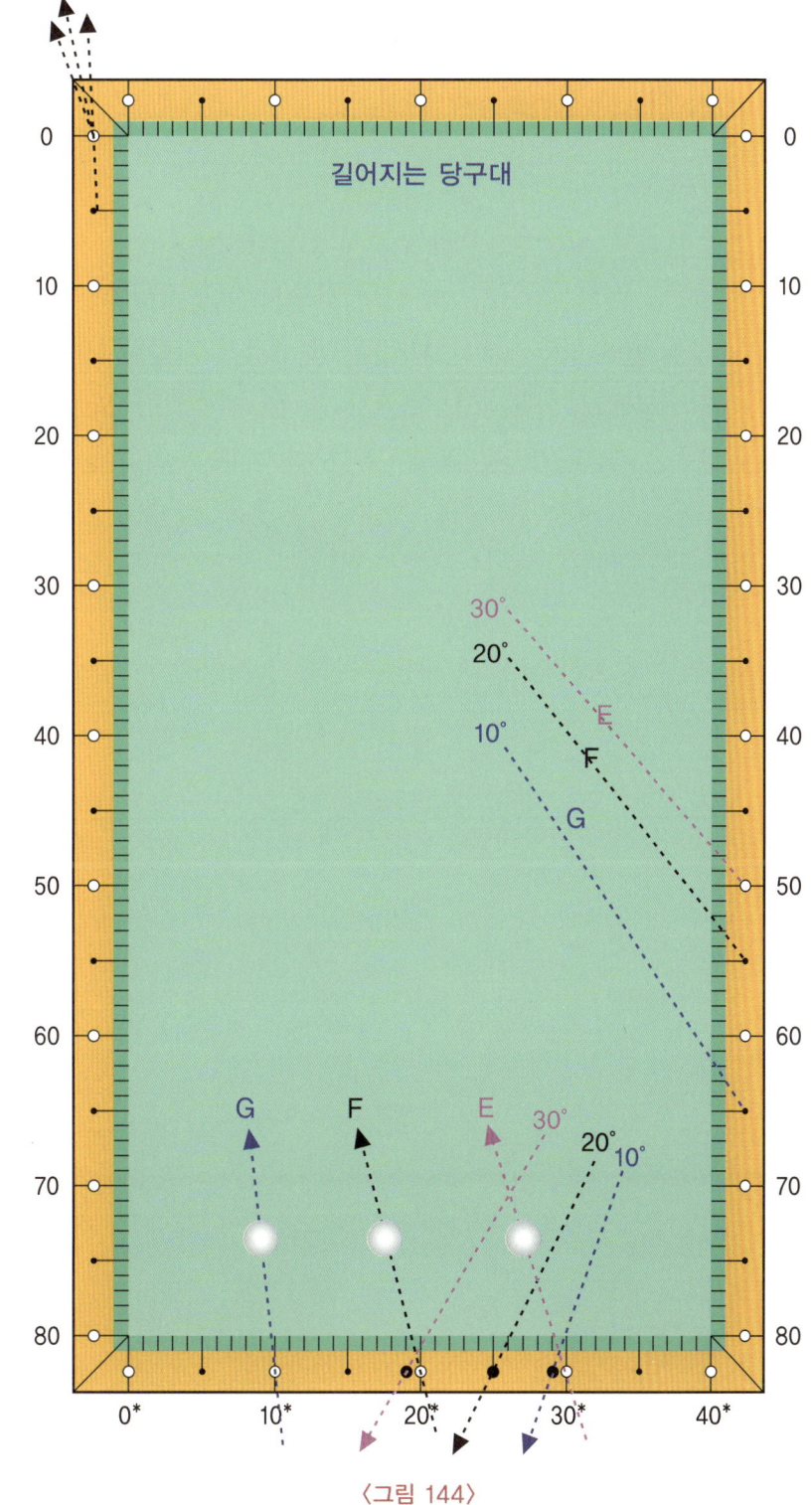

〈그림 144〉

DIAMOND AND TRACK SYSTEMS

속도7이 그리는 트랙
Seven Rail Speed Track

▶ 오른쪽 그림은 수구의 5쿠션, 6쿠션 지점을 나타낸다.

▶ 80-30 트랙의 경우 5쿠션 지점은 75, 6쿠션 지점은 11이 된다. 이는 길어지는 당구대에서 적용된다. 보관이 잘 된 위헬미나(Wihelmina) 당구대의 경우 6쿠션 지점은 조금 더 짧아져 16에서 18 사이가 될 것이다.

▶ 소가드 당구대에서 6쿠션 지점은 20이다. 필자가 테스트한 결과다.

▶ 다시 한 번 강조하지만, 이 모든 사항은 철저히 암기해야 한다.

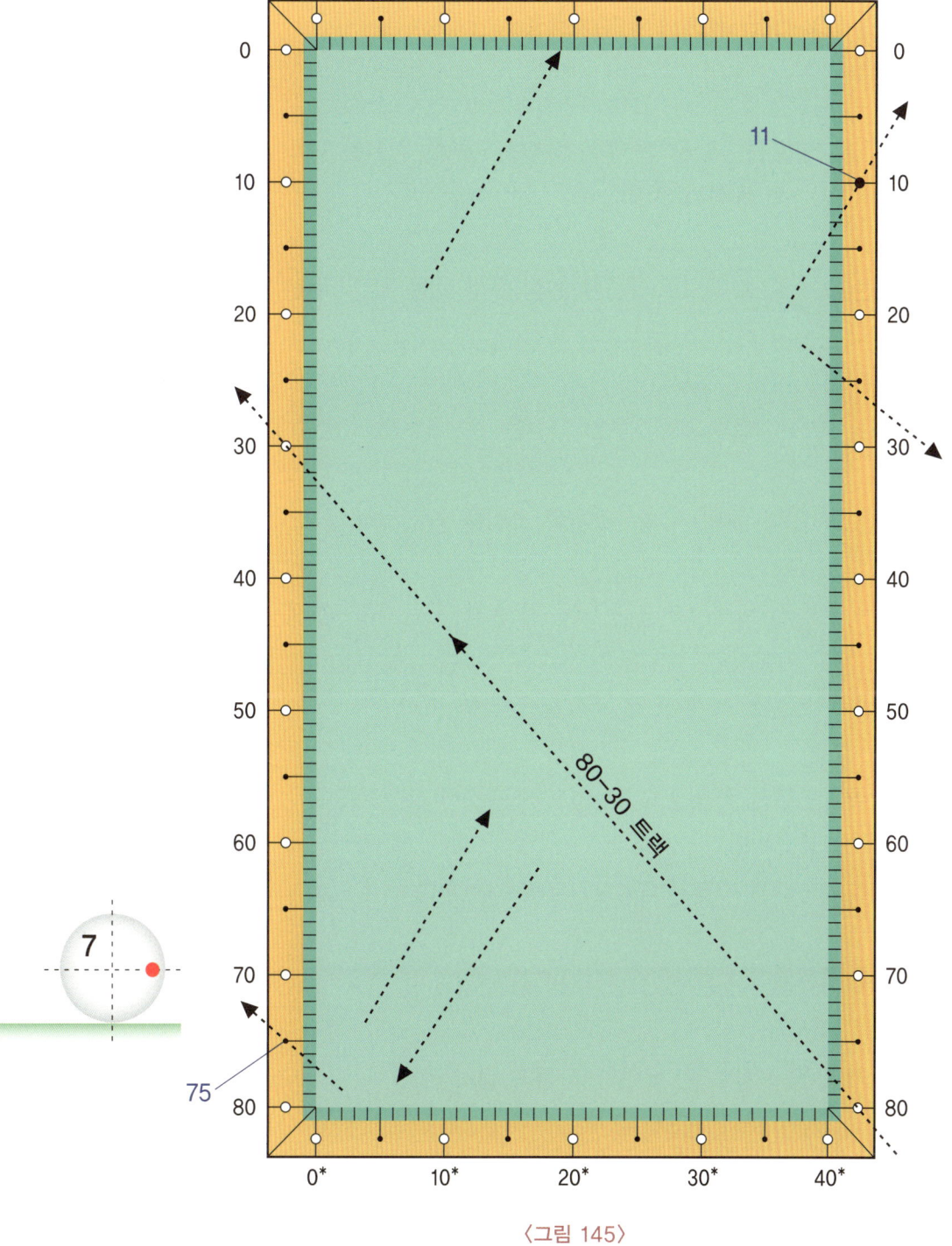

〈그림 145〉

DIAMOND AND TRACK SYSTEMS

5쿠션-6쿠션의 선
5th-to-6th Rail Tracks

▶ 〈그림 146〉은 7가지 트랙의 6쿠션, 7쿠션 지점을 나타낸다. 80-30 트랙부터 10*-0 트랙까지이다.

▶ A는 80-30 트랙으로 5쿠션 지점(쿠션 N)은 75, 6쿠션 지점(쿠션 M)은 11이다.

▶ B는 80-20 트랙으로 5쿠션 지점은 70, 6쿠션 지점은 7이다.

▶ C(80-10)와 D(80-0)는 오른쪽 그림을 참조하라.

▶ E는 30*-0 트랙이고, F는 20*-0 트랙, G는 10*-0 트랙이다.

▶ 오른쪽 그림을 보며 도달 지점을 정리해 보라.

▶ 장축의 5쿠션 지점은 0.5포인트씩 감소한다(G 제외).

▶ 장축의 6쿠션 지점은 0.4포인트씩 감소한다.

▶ 단축 6쿠션 지점은 0.3포인트씩 증가한다.

▶ 소가드 당구대에서는 6쿠션 지점이 짧아진다.

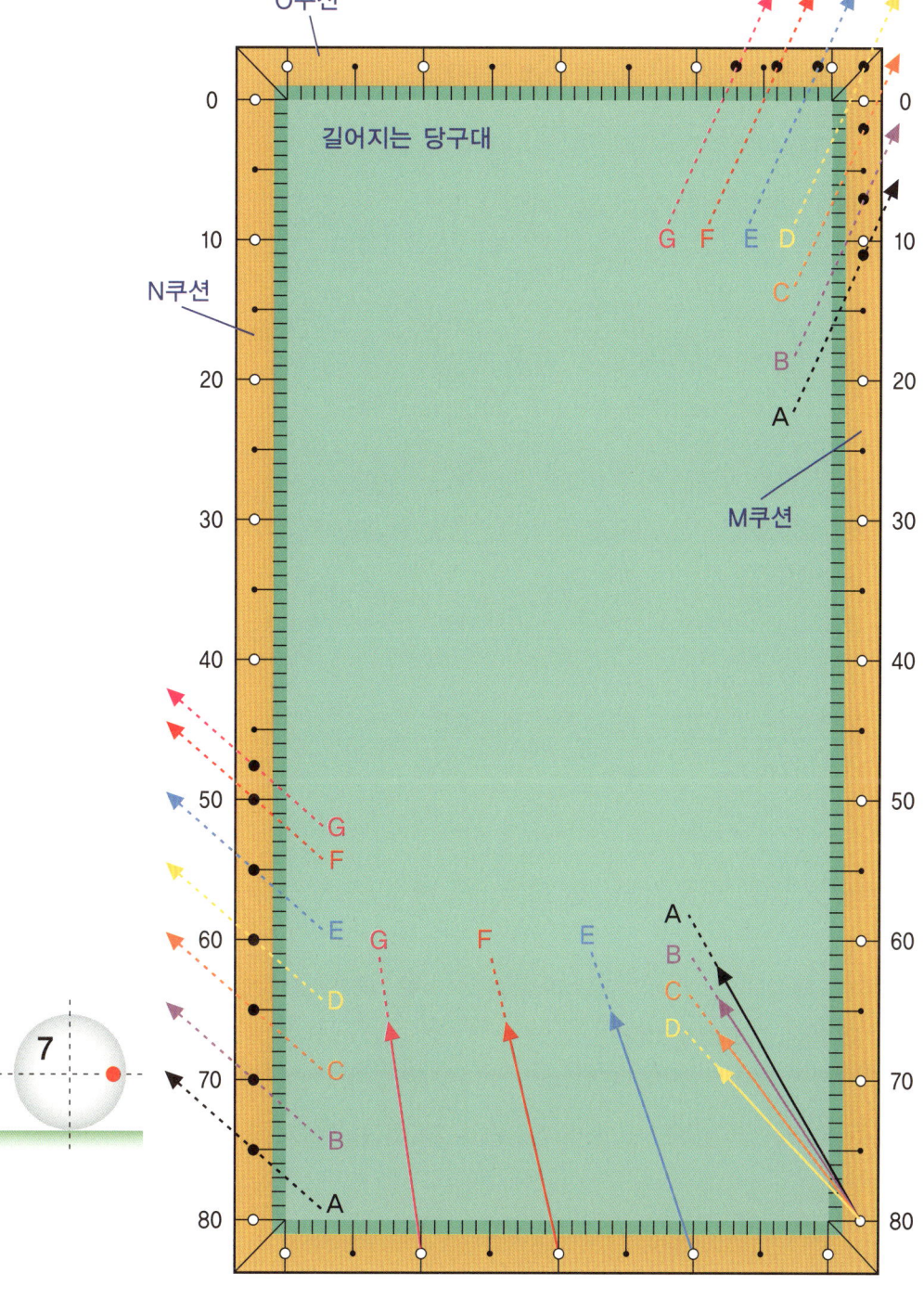

〈그림 146〉

DIAMOND AND TRACK SYSTEMS

월트의 기준 트랙
Walt's Basic Track System

▶ 아래의 기준 트랙은 필히 암기해야 한다.

	수구 속도 5		수구 속도 7	
	3쿠션	4쿠션	5쿠션	6쿠션
80-50	5	68		
80-40	15	75		
80-30 A	25	3*	75	11
80-20 B	33	7*	70	7
80-10 C	40	11*	65	3
80-0 D	45	15*	60	C
30*-0 E	50	19*	55	1*
20*-0 F	55	24*	50	3*
10*-0 G	65	29*	47	7*

▶ 3쿠션 지점은 33을 제외하면 모두 5의 배수이므로 외우기 쉬울 것이다.

▶ 4쿠션 지점도 3, 7, 11, 15, 19처럼 4씩 증가하므로 간단하다. 5쿠션 지점도 대부분 5의 배수이다.

▶ 기준 트랙을 암기하고 있다면 수구의 도달 지점을 쉽게 찾을 수 있을 것이다.

※ 잘 미끄러지는 당구대의 경우 기준 트랙보다 길어질 것이다.

고수들의 조언
Words From Above

각각의 당구대가 여러분들이 알고 있는
수치(쿠션 지점)와 얼마나 다른지 체크해 보라.
만약 다르다면, 당구대에 맞게끔
쿠션 지점을 조정하라.

80-10 가시선
80-to-10, Sight Line

▶ 앞장에서 설명했듯 80-10 트랙의 3쿠션 지점은 40이고, 4쿠션 지점은 11*이다.

▶ 하지만(4쿠션 지점에서 바라보았을 때) 3쿠션에서 4쿠션으로 향하는 가시선은 40-11*선이 아니다. 40보다 0.8포인트 위쪽인 32-11*선이다.

▶ 2쿠션에서 3쿠션으로 향하는 가시선도 확인해 보라. 엄브렐라 시스템에서 유용하게 쓰일 것이다.

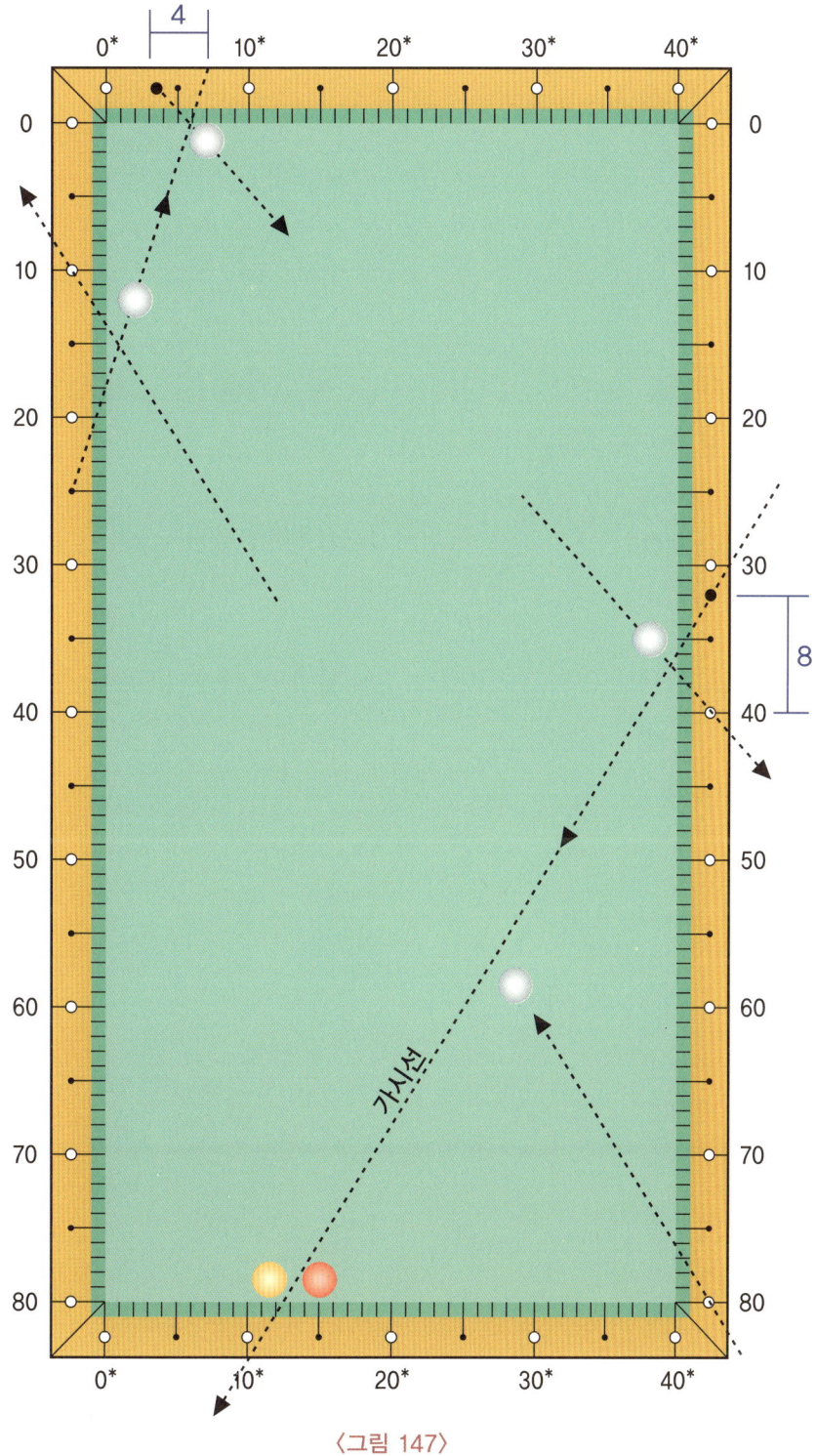

〈그림 147〉

가시선
Sighting

▶ 〈그림 148〉은 3쿠션에서 4쿠션으로 향하는 선이(4쿠션 지점에서) 어떻게 보이는지 나타낸다.

▶ 기준 트랙과 함께 3쿠션에서 시작되는 가시선을 그려 보았다. 두 선 사이의 조정 수치는 오른쪽과 같다.

▶ 조정 수치는 0.7~0.9 사이가 대부분이니 필히 숙지하도록 하라. 단 롱앵글에서는 조정 수치가 더욱 길어진다.

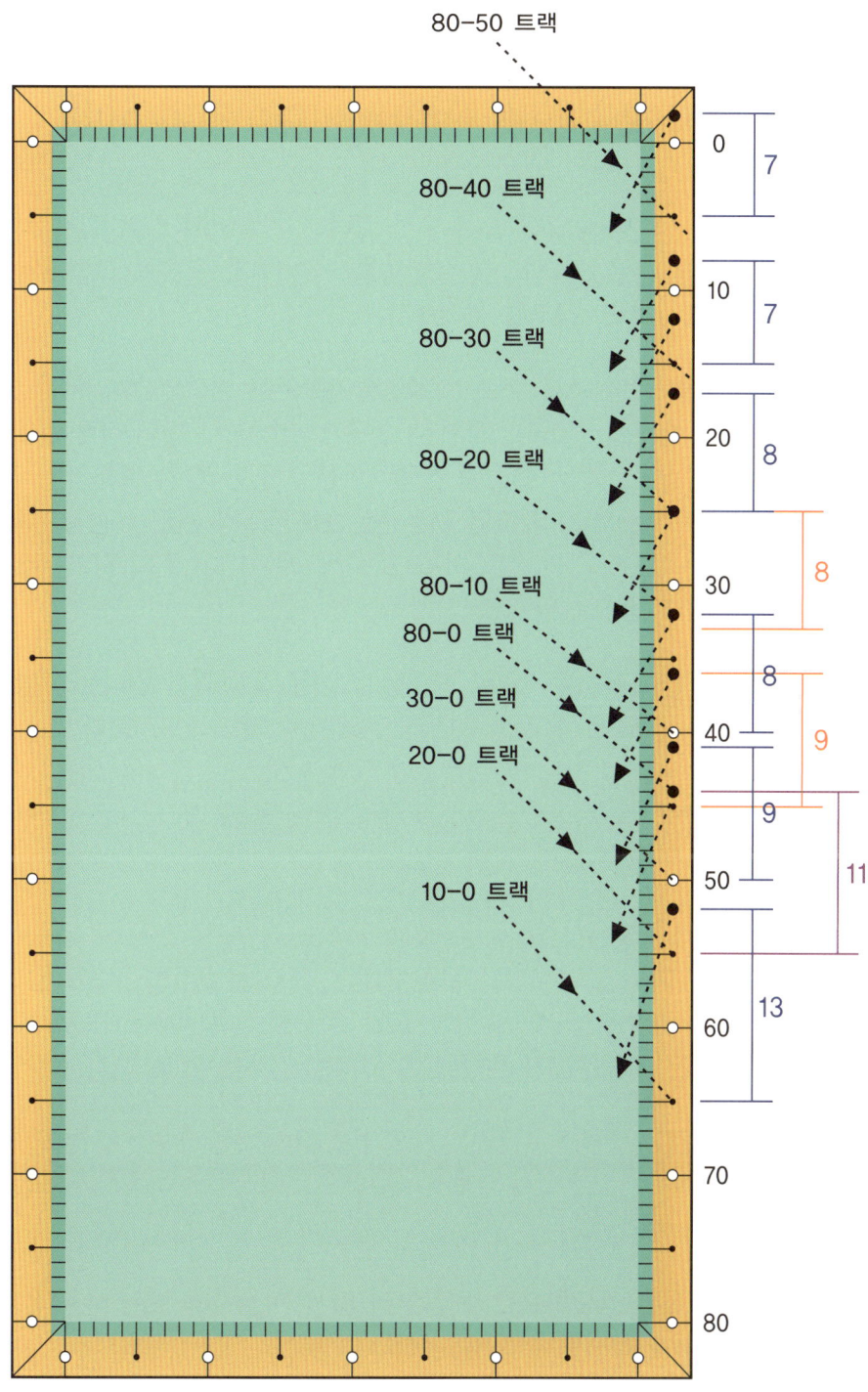

〈그림 148〉

오차 조정을 통한 새로운 선 긋기
Connecting Paths, Allowance, and Shift

▶ 이 페이지는 매우 중요하다. 수구가 코너에서 떨어져 있어 진로를 새롭게 변경시켜야 할 경우, 아래와 같은 방법을 사용한다. 오른쪽 그림에서처럼 수구가 S와 T에 위치한 경우를 살펴보자.

▶ 만일 수구를 3쿠션에서 25포인트에 떨어뜨려야 한다면, 여러분은 80-30 기준 트랙을 생각할 것이다. 하지만 수구가 코너에서 떨어져 있으므로 약간의 조정이 필요하다. 새로 교정된 선의 1쿠션 지점을 찾기 위해서는, N쿠션을 1포인트 위로 이동시킬 때마다 M쿠션은 2포인트씩 위로 이동시켜야 한다. 위치 S에서는 1쿠션 지점이 20이 되고, T에서는 10이 된다(위의 수치는 3쿠션 지점만을 고려해 도출된 것이다).

▶ 하지만 3쿠션에서 4쿠션으로 향하면서 선은 짧아지게 된다. 이 경우에 원하는 4쿠션 지점으로 수구를 보내기 위해서는 어느 정도 오차 조정이 필요하다. 시애틀 키드식(The Seatle Kid Type) 오차 조정법을 이용하면 쉽게 해결할 수 있다. M쿠션에서 수구가 위치한 비율에 따라 N쿠션에서 포인트의 조정 비율이 결정된다.

▶ 예로 수구가 T에 위치할 경우, 코너 P와는 장쿠션 기준으로 절반(50%)만큼 위쪽으로 떨어져 있다. 고로 1쿠션 지점인 10에서 0.5포인트(1포인트의 50%)만큼 위로 상향 조정되어야 한다. 고로 수구를 4쿠션에서 3으로 보내기 위한 새로운 1쿠션 지점은 5가 된다. S에 위치할 경우는 25%의 조정이 필요하다.

▶ 다시 T의 경우, 1쿠션 지점이 0.5포인트 이동하면 3쿠션 지점도 0.5포인트 이동하게 된다. 고로 3쿠션에서 4쿠션으로의 선도 이동하게 되고, 새로운 30-3*선이 탄생된다.

▶ 이 과정은 매우 중요하므로, 처음부터 다시 계산하여 보기 바란다. 한번 익숙해지면 편하게 계산할 수 있을 것이다.

※ 번(Bryne)의 『당구 집대성(Standard Book of Pool and Billiard)』에서도 위의 내용을 소개하고 있다.

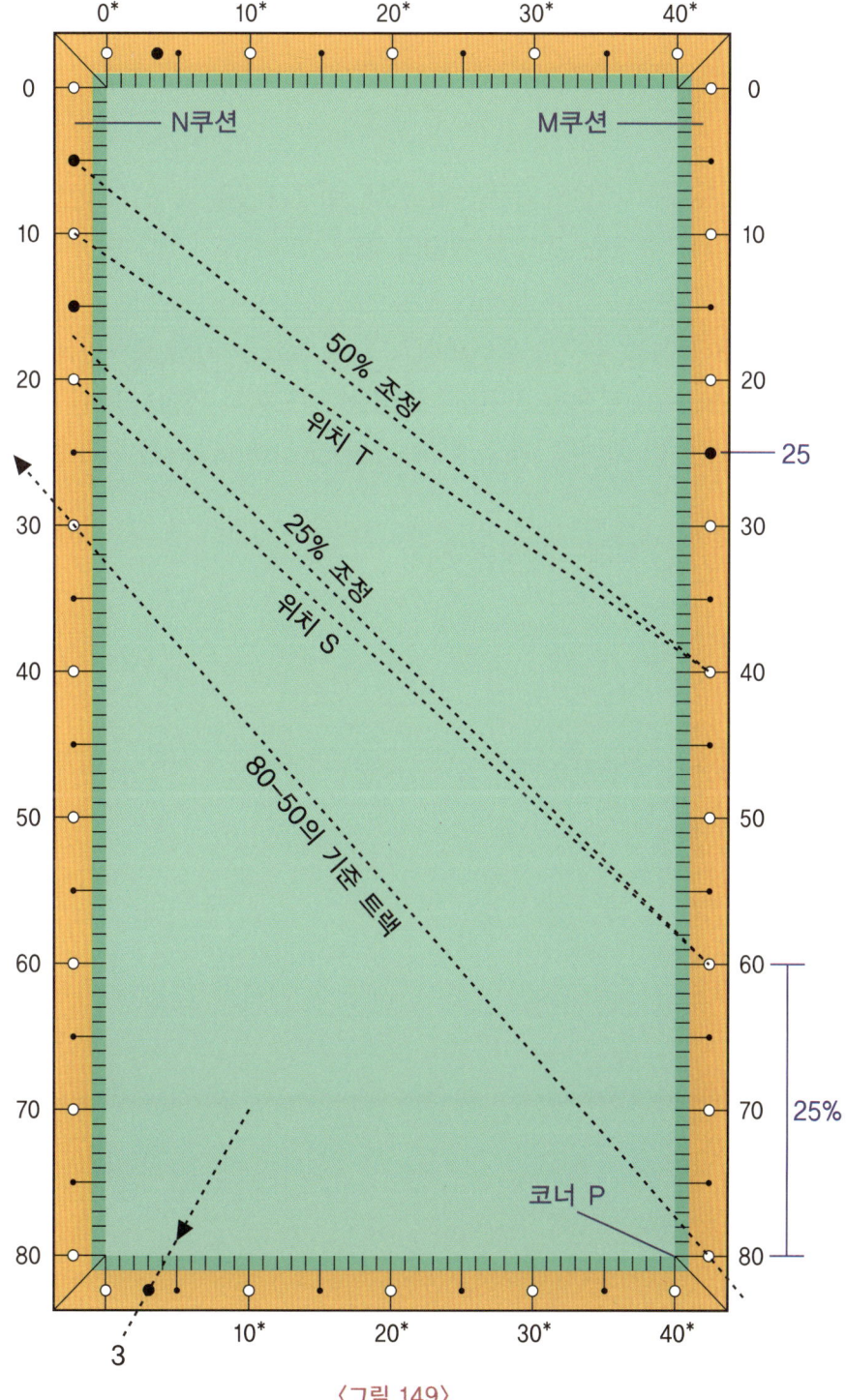

〈그림 149〉

간단한 3쿠션 지점 계산법
Short Cut

▶ 3쿠션 돌리기(목적 지점이 3쿠션)의 경우, 수구가 어디에 위치했건 간에 1쿠션 지점을 찾을 수 있는 간단한 방법이 있다.

▶ 3쿠션의 25 지점에 수구를 떨어뜨리기 위해 필요한 기준 트랙은 80-30 트랙이다. 이 80-30 트랙을 당구대 너머 3m 정도까지 연장시켜 한 지점을 설정하라. 우리는 이 지점을 '벽의 한 지점(Spot on the wall)'이라고 부른다.

▶ 수구를 이 지점을 향해 겨냥하면 된다.

※ 4쿠션 지점은 앞 장과 같은 방법으로 계산하면 된다.

고수들의 조언
Words From Above

로버트 번(Robert Byrne)은 호프의 다이아몬드 시스템이
수많은 당구 동호인들을 혼란에 빠뜨렸으며,
당구를 볼링 수준으로 타락시켰다고 혹평했다.
그의 저서 『당구의 집대성』 330쪽을 확인해 보라.

— 로버트 번(Robert Byrne) —

Billiard
ATLAS

Billiard ATLAS Chapter 6

새로운 교정선과 오차 조정[8]
Walt's New End Rail Alignment and Allowances

이 장에서는 수구가 코너를 벗어나 단축 위에 위치한 경우 교정선을 긋고, 또 그 선의 오차를 조정하는 새로운 방법에 대해 소개하려고 한다.

이 방법의 원리는 매우 간단하여 대부분의 선수들이 숙지하고 있을 법 하지만, 필자는 50년 동안 이 조정법을 사용하는 선수를 보지 못했다.

이 장에서 제시된 여러 숫자들, 특히 '조정값'은 외우기가 상당히 까다롭다. 하지만 세상에 쉬운 일이 어디 있는가!

또한 엔드 레일 시스템이 있다. 그럼 다음 페이지부터 수구 수가 단축에 있을 때 수구의 정확한 진로를 찾는 방법에 대하여 면밀하게 분석해 보겠다.

- 다양한 오차 조정법
- 엔드레일 시스템의 예
- 교정선과 조정값
- 엔드레일 시스템의 기준 트랙
- 또 다른 방법
- 크리스가 바라본 당구

---

[8] 역주) 독자 여러분은 교정(alignment)과 조정(adjustment)를 혼동하지 않길 바란다. 이 책에서 '교정'은 기준선의 3쿠션 지점과 동일한 지점으로 수구를 보내기 위해 1쿠션 지점에 맞춰 수구 수를 교정하는 것이다. 반면 '조정'은 기준선의 4쿠션 지점과 동일한 지점으로 보내기 위해 교정된 수구 수에서 다시 1쿠션 지점을 조정하는 것이다.

다양한 오차 조정법
Existing Diamond System End Rail Allowances

▶ 수구가 코너에서 벗어나 단축 위에 위치할 때, 새로운 1쿠션 지점을 찾는 데는 앞 장(126쪽)과 비슷한 원리가 적용된다. 다만 O쿠션을 1포인트 좌로 이동시킬 때마다 N쿠션도 1포인트씩 위로 올라간다는 점만이 다르다. 그리고 교정선의 4쿠션 지점은 더욱 길어진다는 사실을 명심하라.

▶ 4쿠션 지점의 오차 조정에 관해서는 다양한 이론이 존재한다. 잠깐 소개하자면,

1. 시애틀 키드식 오차 조정법을 사용한다.
2. 오차 조정이 필요하지 않다.
3. 유럽 식스볼식 오차 조정법을 사용한다.
4. 수구가 코너에서 멀리 떨어질수록 '오차 조정이 불필요한 구역'에서 '오차 조정이 필요한 구역'으로 바뀐다.
5. 호프(Hoppe)는 오차 조정에 관해 언급하지 않았는데, 이는 그의 당구 이론에 큰 오점이었다. 당시에는 당구 관련 자료가 극히 드물었기에, 일반 동호인들은 아무리 노력해도 풀리지 않는 문제점에 속수무책일 수밖에 없었다.

▶ 다수의 정상급 선수들도 4쿠션 지점에 대한 정확한 자료를 갖고 있지 않을 가능성이 크다.

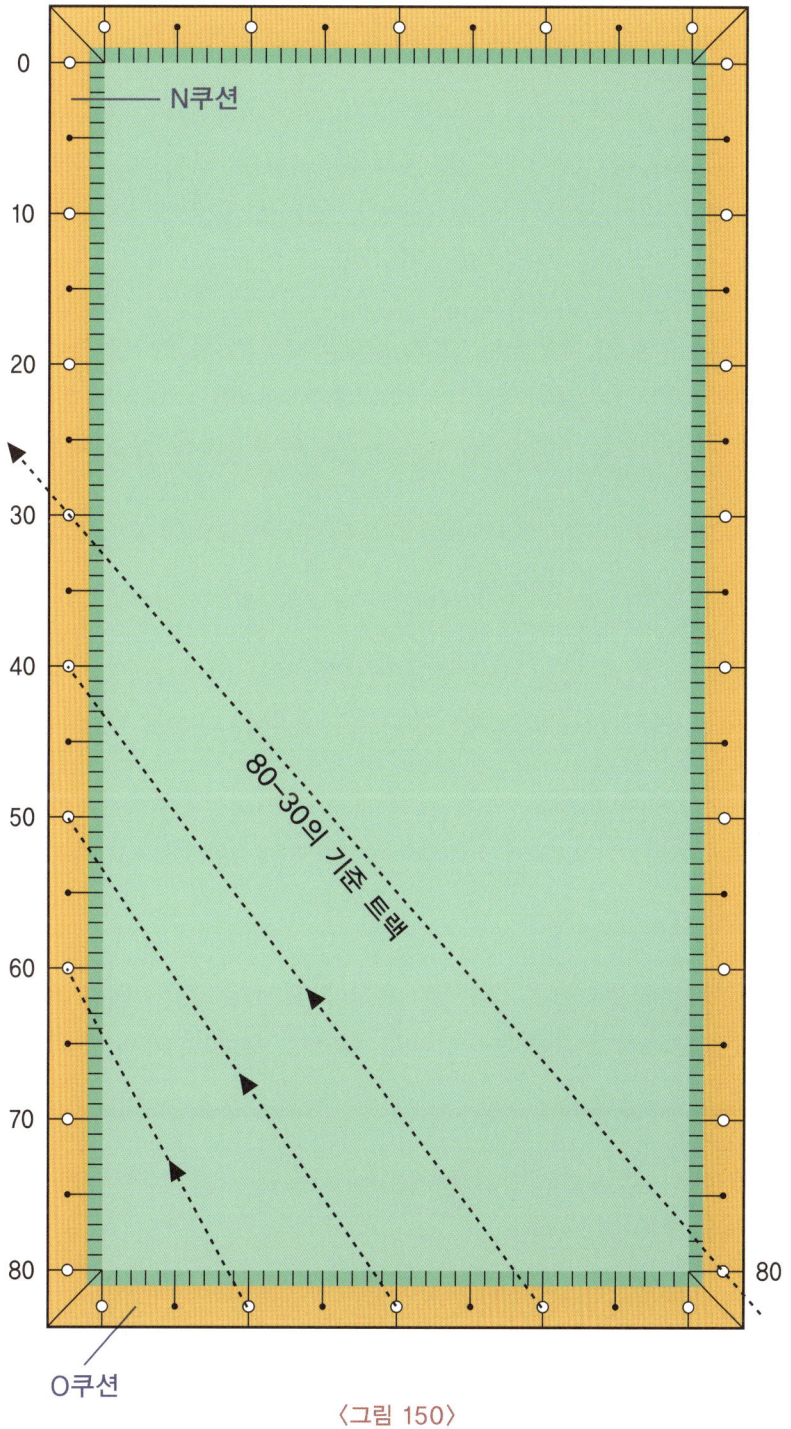

〈그림 150〉

엔드레일 시스템의 기준 트랙
Walt's Basic Track End Rail System

▶ 1988년 필자가 플로리다 코코아 비치에 머무를 무렵, 이 주제(단축에서의 조정 수치)에 관한 모든 자료를 구해다 읽기로 결심했다. 필자는 다이아몬드 시스템을 넘어서는 무언가를 만들어보고 싶었다.

▶ 이때 필자는 단축의 포인트에 대한 새로운 접근법을 발견했다. 수구가 코너에서 장축 방향으로 떨어져 있을 경우에는 시애틀 키드식의 오차 조정법을 사용하면 다이아몬드 시스템의 사용이 가능하다는 사실은 이미 알고 있었다.

▶ 그렇다면 당구대 아래 위로 가상 장축을 만들어 위와 같은 원리를 적용해 오차를 조정해보는 건 어떨까?

▶ 여기서 필자의 엔드 레일 시스템이 탄생하였다. 이 시스템에서는 많은 숫자가 등장하고 계산 시간도 오래 걸리지만, 결과는 그만큼 더 정확하다.

▶ 그 예로, 〈그림 151〉에서 기준 트랙은 80-10이고 제1교정선은 8*(O쿠션)-20(M쿠션)선이다. N쿠션이 2포인트 이동할 때마다 M쿠션은 1포인트씩 이동한다.

▶ 3쿠션 돌리기에서는 장축 상의 큰 숫자(0-80)가 사용되었다. 반면 하단 단축의 작은 숫자(8, 5… 등)는 조정에 필요한 수로써, 4쿠션 지점을 찾는데 사용된다.

▶ 시애틀 키드식 오차 조정법이 동일하게 사용되는데, 수구 수가 단축이 아닌 가상 장축인 점이 다르다.

▶ F는 코너X에서 25% 떨어져 있으므로 0.25포인트를 M쿠션에 더해야 한다. 고로 F에서 새로운 1쿠션 지점은 22.5가 된다. O쿠션의 수구 수 8에서는 더이상의 조정이 필요하지 않다.

3쿠션 돌리기(목적 지점이 3쿠션)의 경우,
- A선은 8*에서 20을,
- B선은 16*(8* + 8*)에서 30을
- C선은 24*(8* + 8* + 8*)에서 40을
- D선은 29*(8* + 8* + 8* + 5*)에서 50을 향한다.

4쿠션 돌리기(목적 지점이 4쿠션)의 경우 수구는 길어진다. 따라서 조정값을 더해 주어야 한다.
- A선에는 0.25포인트가 더해지므로(가상 장축의 25%) 1쿠션 지점은 22.5
- B선에는 0.50포인트가 더해지므로(가상 장축의 50%) 1쿠션 지점은 35
- C선에는 0.75포인트가 더해지므로(가상 장축의 75%) 1쿠션 지점은 47.5
- D선에는 1.00포인트가 더해지므로(가상 장축의 100%) 1쿠션 지점은 60이다.

※ 여기서 문제가 발생한다. 코너Z에서 바라보았을 때 O쿠션에서 추가적인 조정이 필요하다. 이 선은 O쿠션에서 29를 통과하는 것이 아니라 32를 통과한다. 이 조정 수치는 코너Z에 서서 60, 그리고 그 연장선상에서 3.6미터(12피트) 떨어진 '벽의 한 지점'을 바라보며 측정해 보라.

※ 우측에서 좌측으로 5, 8, 8, 5임을 암기하라.

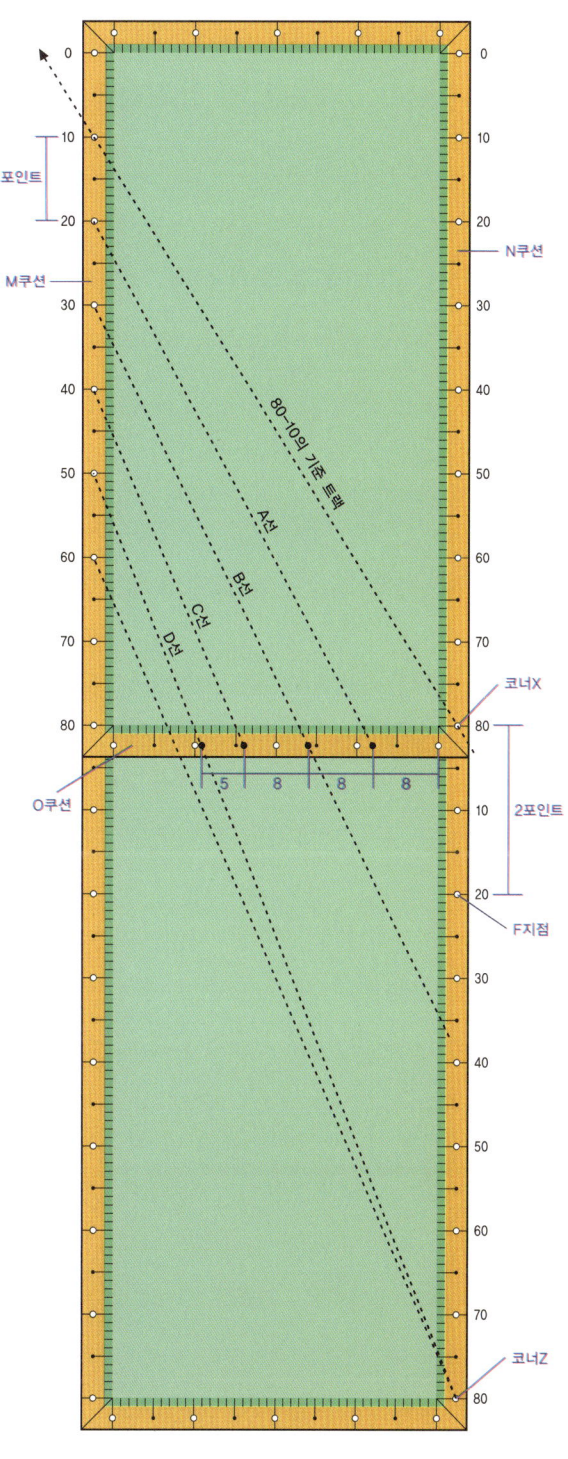

〈그림 151〉

WALT'S NEW END RAIL ALIGNMENT AND ALLOWANCES

엔드레일 시스템의 예
End Rail System Example

▶ 기준 트랙 80-0은 일정한 3쿠션 지점을 갖는데, 이미 110페이지에서 설명한 바 있다. 하지만 수구가 다른 위치에 서 있을 때, 같은 3쿠션 지점으로 보내기 위해서는 반드시 조정이 필요하다.

▶ 만일 수구가 코너에서 벗어나 단축 위에 있을 때, 제1교정선은 7*(수구 수)에서 10(1쿠션 지점)이다. 제2교정선은 14(7+7)에서 20이다.

▶ 제3교정선은 21(7+7+7)에서 30, 제4교정선은 27(7+7+7+6)에서 40이다.

▶ 위의 수치는 3쿠션 돌리기에만 유용하며, 교정선은 기준 트랙 80-0과 동일한 3쿠션 지점을 갖는다.

▶ 기준선과 동일한 4쿠션 지점으로 수구를 보내려면 조정값을 더해 주어야 한다.

▶ 이때 제1교정선의 1쿠션 지점은 12.5로 바뀐다. 왜냐하면 A선은 가상 장축에서 1/4만큼 떨어져 있으므로, 1/4포인트만큼의 조정이 필요하기 때문이다. 원래 1쿠션 지점 10에 2.5를 더하면 12.5가 된다.

▶ 제2교정선 14*-20에서의 조정값은 1/2포인트이므로, 15*(7+7+1)에서 25를 향한다. 1쿠션 지점 20에서 5(1/2포인트)가 더해지기 때문이다.

▶ 모든 세부 사항은 그림에 명시되어 있다.

▶ 이 숫자들을 전화번호라 생각하면 암기하기 쉬울 것이다.

3쿠션 돌리기의 경우,
- A선은 7*에서 10을
- B선은 14*(7*+7*)에서 20을
- C선은 21*(7*+7*+7*)에서 30을
- D선은 27*(7*+7*+7*+6*)에서 40을 향한다.

4쿠션 돌리기의 경우 수구는 길어진다. 고로 조정값을 더해 주어야 한다.
- A선에는 0.25포인트가 더해지므로(가상 장축의 25%) 1쿠션 지점은 12.5
- B선에는 0.50포인트가 더해지므로(가상 장축의 50%) 1쿠션 지점은 25
- C선에는 0.75포인트가 더해지므로(가상 장축의 75%) 1쿠션 지점은 37.5
- D선에는 1.00포인트가 더해지므로(가상 장축의 100%) 1쿠션 지점은 50이다.

※ 여기서 문제가 발생한다. 코너Z에서 바라보았을 때 P쿠션에서 추가적인 조정이 필요하다. 이 선은 P쿠션에서 27을 통과하는 것이 아니라 29를 통과한다. 이 조정 수치는 코너 Z에 서서 50을 바라보며 측정해 보라.

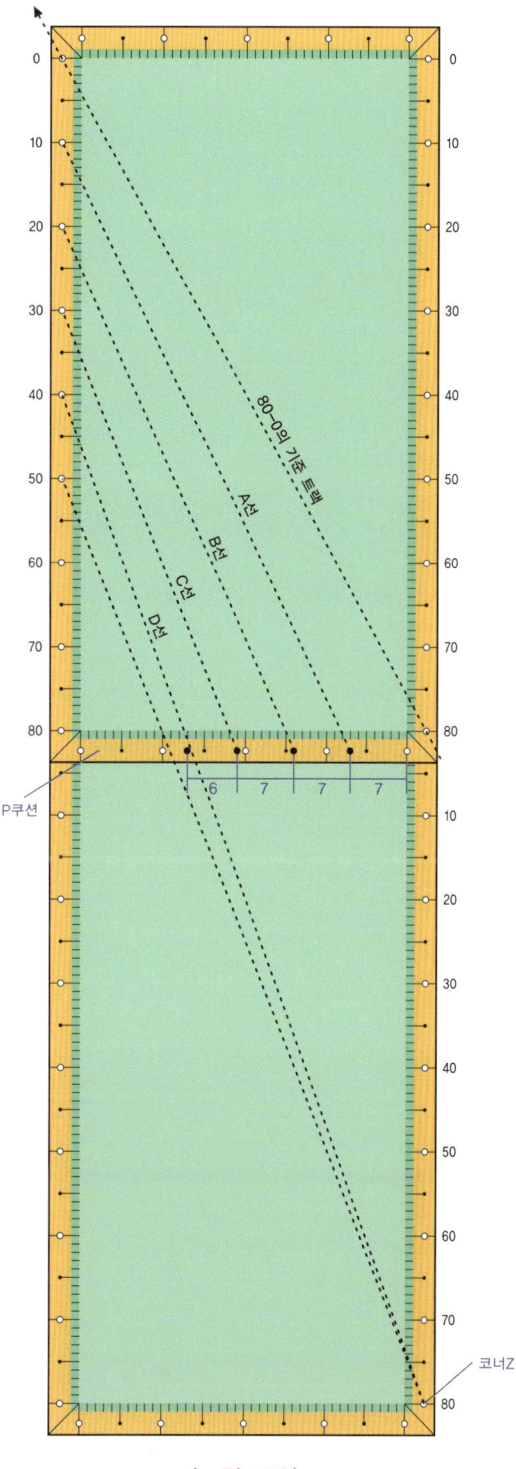

〈그림 152〉

WALT'S NEW END RAIL ALIGNMENT AND ALLOWANCES

3쿠션 돌리기의 경우,
◗ A선은 18*에서 60을,
◗ B선은 32*(18*+14*)에서 70을 향한다.

4쿠션 돌리기의 경우 수구는 길어진다. 고로 조정값을 더해 주어야 한다.
◗ A선에는 0.25포인트가 더해지므로(가상 장축의 25%) 1쿠션 지점은 62.5
◗ B선에는 0.50포인트가 더해지므로(가상 장축의 50%) 1쿠션 지점은 75이다.

※ 여기서 문제가 발생한다. X에서 바라보았을 때 P쿠션에서 추가적인 조정이 필요하다. 이 선은 P쿠션에서 32를 통과하는 것이 아니라 36을 통과한다. 이 조정 수치는 X에 서서 60, 그리고 그 연장선상에서 3.6미터(12피트) 떨어진 '벽의 한 지점'을 바라보며 측정해 보라.

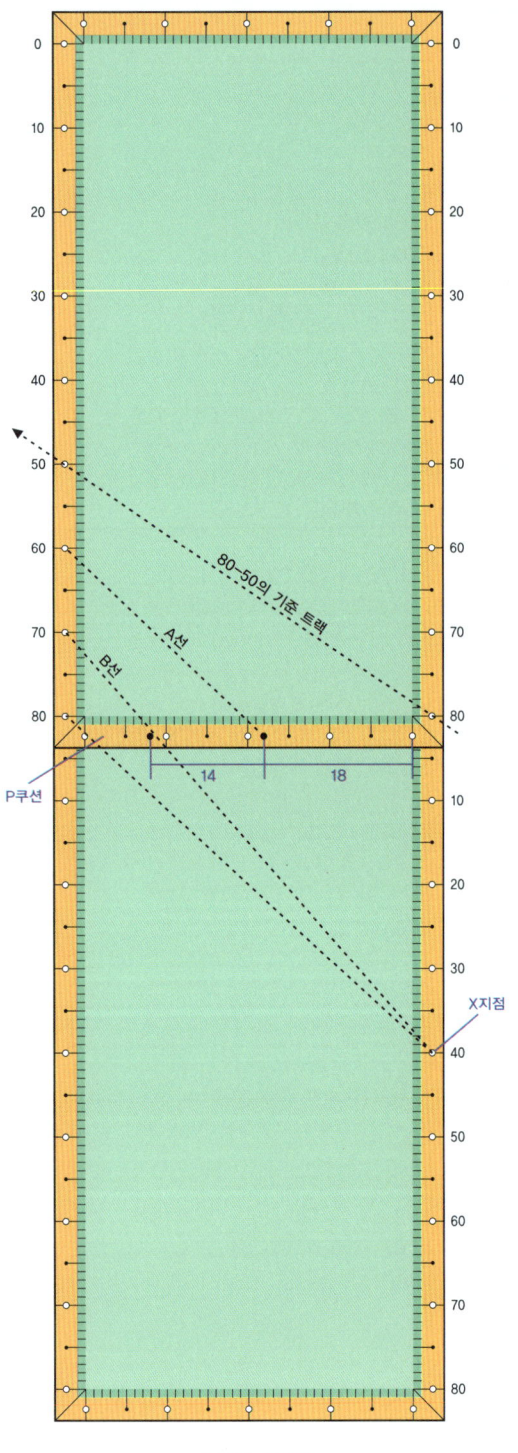

〈그림 153〉

3쿠션 돌리기의 경우,
- A선은 10*에서 30을,
- B선은 20*(10*+10*)에서 40을
- C선은 28*(10*+10*+8*)에서 50을
- D선은 34*(10*+10*+8*+6*)에서 60을 향한다.

4쿠션 돌리기의 경우 수구는 길어진다. 고로 조정값을 더해 주어야 한다.
- A선에는 0.25포인트가 더해지므로(가상 장축의 25%) 1쿠션 지점은 32.5
- B선에는 0.50 포인트가 더해지므로(가상 장축의 50%) 1쿠션 지점은 45
- C선에는 0.75포인트가 더해지므로(가상 장축의 75%) 1쿠션 지점은 57.5
- D선에는 1.00 포인트가 더해지므로(가상 장축의 100%) 1쿠션 지점은 70이다.

※ 여기서 문제가 발생한다. 코너X에서 바라보았을 때 P쿠션에서 추가적인 조정이 필요하다. 이 선은 P쿠션에서 34를 통과하는 것이 아니라 37을 통과한다. 이 조정 수치는 코너X에 서서 70을 바라보며 측정해 보라.

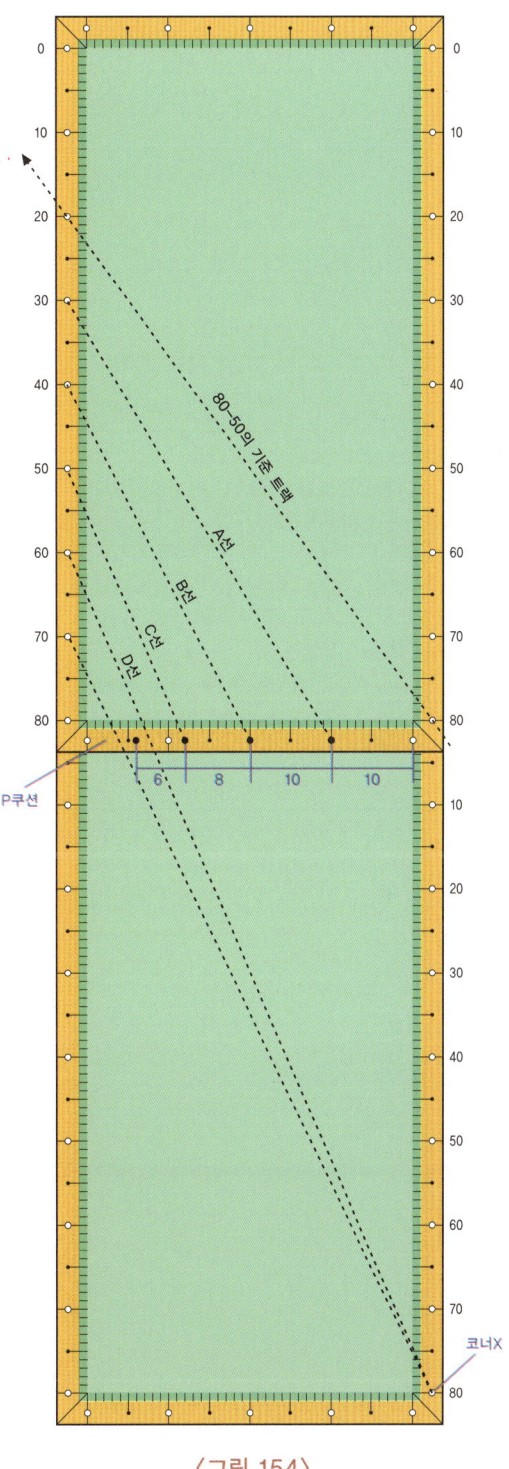

〈그림 154〉

WALT'S NEW END RAIL ALIGNMENT AND ALLOWANCES

3쿠션 돌리기의 경우,
- A선은 8*에서 20을,
- B선은 16*(8*+8*)에서 30을
- C선은 24*(8*+8*+8*)에서 40을
- D선은 29*(8*+8*+8*+5*)에서 50을 향한다.

4쿠션 돌리기의 경우 수구는 길어진다. 고로 조정값을 더해 주어야 한다.
- A선에는 0.25포인트가 더해지므로(가상 장축의 25%) 1쿠션 지점은 22.5
- B선에는 0.50포인트가 더해지므로(가상 장축의 50%) 1쿠션 지점은 35
- C선에는 0.75포인트가 더해지므로(가상 장축의 75%) 1쿠션 지점은 47.5
- D선에는 1.00포인트가 더해지므로(가상 장축의 100%) 1쿠션 지점은 60이다.

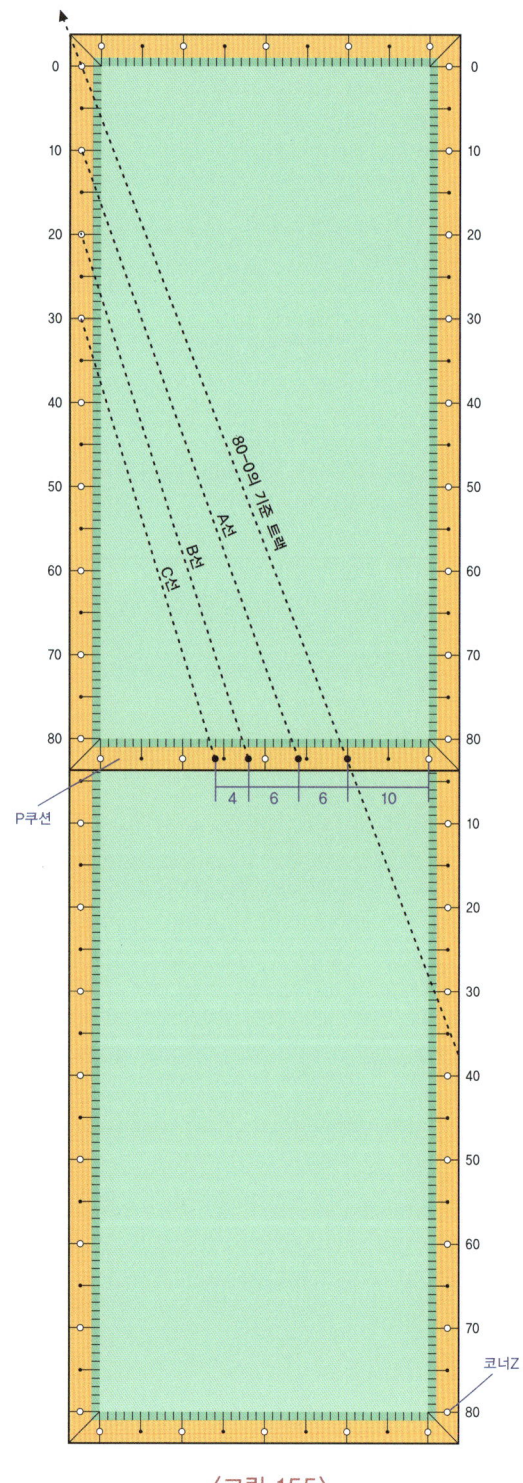

〈그림 155〉

3쿠션 돌리기의 경우,
- A선은 12*에서 40을,
- B선은 22*(12*+10*)에서 50을
- C선은 30*(12*+10*+8*)에서 60을 향한다.

4쿠션 돌리기의 경우 수구는 길어진다. 고로 조정값을 더해 주어야 한다.
- A선에는 0.25포인트가 더해지므로(가상 장축의 25%) 1쿠션 지점은 42.5
- B선에는 0.50포인트가 더해지므로(가상 장축의 50%) 1쿠션 지점은 55
- C선에는 0.75포인트가 더해지므로(가상 장축의 75%) 1쿠션 지점은 67.5이다.

※ 여기서 문제가 발생한다. X에서 바라보았을 때 P쿠션에서 추가적인 조정이 필요하다. 이 선은 P쿠션에서 29를 통과하는 것이 아니라 32를 통과한다. 이 조정 수치는 X에 서서 60, 그리고 그 연장선상에서 3.6미터(12피트) 떨어진 '벽의 한 지점'을 바라보며 측정해 보라.

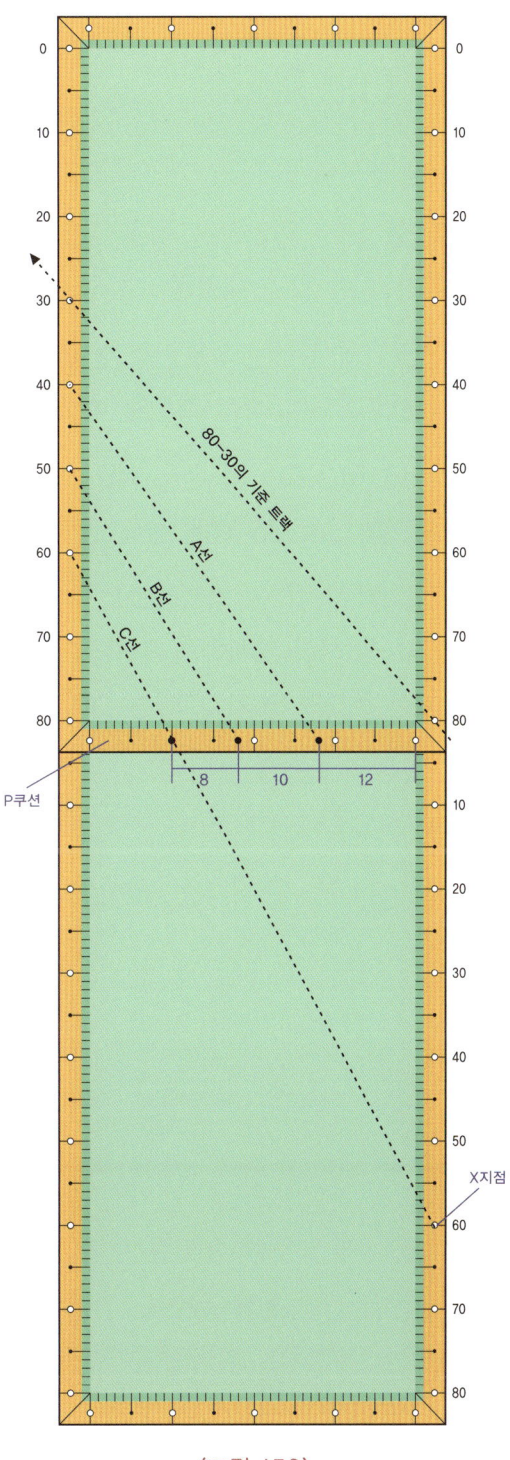

〈그림 156〉

또 다른 방법
More End Rail

▶ 조정값을 모두 암기하는 것은 결코 쉽지 않다. 그래서 필자는 수구의 진로를 찾아낼 수 있는 새로운 기술을 개발했다.

1. 필자의 큐에는 4포인트가 표시되어 있다. 고로 가상축의 1-4포인트까지는 직접 측정할 수 있다.

2. 80-40 트랙의 경우 제2교정선은 26(14+12)-60이 된다. 쵸크를 단축 26 위에 올려 놓자.

3. 큐를 사용하여 A지점으로 이동한 후 단축의 65지점을 바라보자. A-65선과 교차하는 단축의 지점으로 쵸크를 이동시킨다. 이동시킨 쵸크와 65가 그리는 선이 4쿠션 지점을 향하는 선이 된다.

4. 4쿠션 지점을 찾기 위해 시애틀 키드 오차 조정법이 사용되었다.

※ 조정값은 3쿠션 지점과는 무관하다.
※ 조정값까지 적용한 새로운 선을 찾았다면, 이 선을 연장시켜 당구대에서 3미터(10피트) 정도 떨어진 '벽의 한 지점'을 응시하라. 만일 수구가 두 선(또는 두 가지 '벽의 한 지점') 사이에 위치한 경우, 1쿠션 지점은 두 선의 중간값으로 계산하라.

3쿠션 돌리기의 경우,
▶ A선은 14*에서 50을,
▶ B선은 26*(14*+12*)에서 60을 향한다.

4쿠션 돌리기의 경우 수구는 길어진다. 고로 조정값을 더해 주어야 한다.
▶ A선에는 0.25포인트가 더해지므로(가상 장축의 25%) 1쿠션 지점은 52.5
▶ B선에는 0.50포인트가 더해지므로(가상 장축의 50%) 1쿠션 지점은 65이다.

※ 여기서 문제가 발생한다. A에서 바라보았을 때 P쿠션에서 추가적인 조정이 필요하다. 이 선은 P쿠션에서 26을 통과하는 것이 아니라 28을 통과한다.

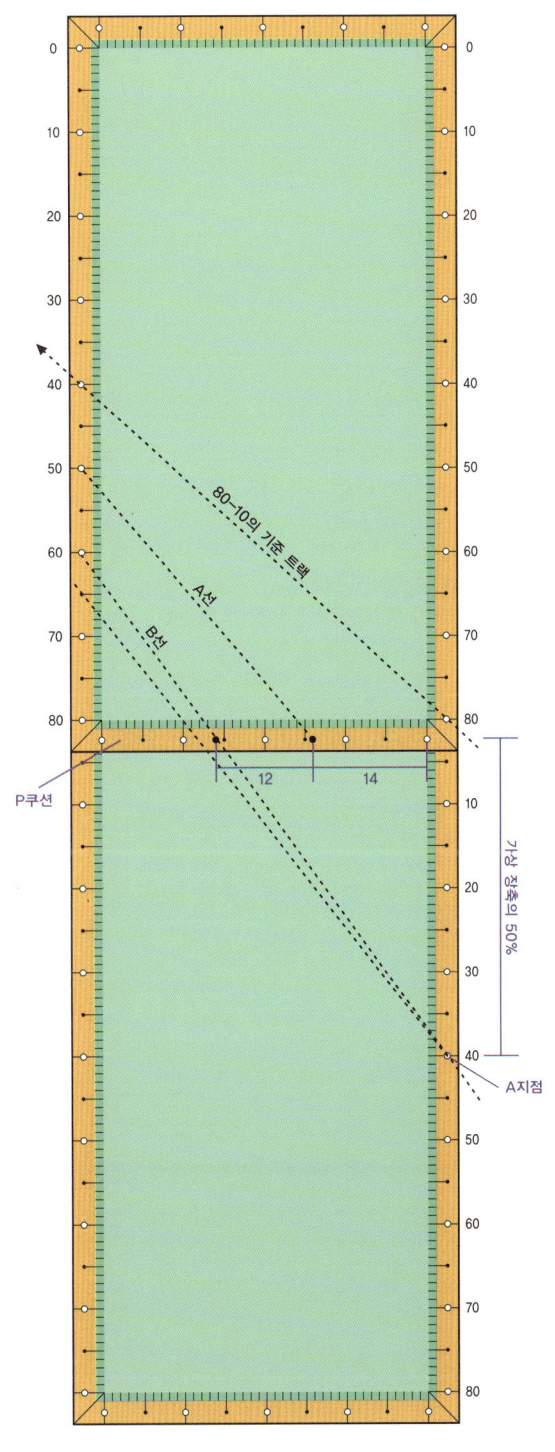

〈그림 157〉

3쿠션 돌리기의 경우,
- A선은 24*(20*+4*)에서 10을,
- B선은 28*(20*+4*+4*)에서 20을
- C선은 32*(20*+4*+4*+4*)에서 30을 향한다.

4쿠션 돌리기의 경우 수구는 길어진다. 고로 조정값을 더해 주어야 한다.
- A선에는 0.25포인트가 더해지므로(가상 장축의 25%) 1쿠션 지점은 12.5
- B선에는 0.50포인트가 더해지므로(가상 장축의 50%) 1쿠션 지점은 25
- C선에는 0.75포인트가 더해지므로(가상 장축의 75%) 1쿠션 지점은 37.5

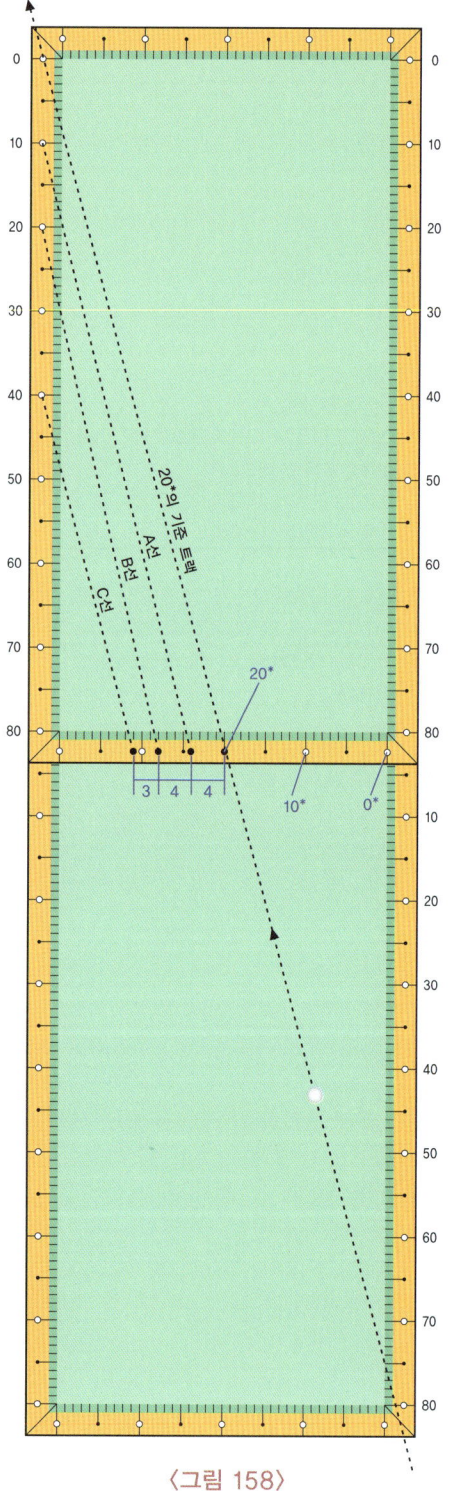

〈그림 158〉

교정선과 조정값
End Rail Track Numbers & Allowances

기준선	제1교정선	제2교정선	제3교정선	제4교정선
80-50	18	14		
80-40	14	12	9	
80-30	12	10	8	
80-20	10	10	8	6
80-10	8	8	8	5
80-0	7	7	7	6
80-0	6	6	4	
80-0	4	4	3	

▶ 이처럼 외워야 할 숫자는 많다. 이 방법을 사용하여 수구의 진로를 파악하려면 더 많은 시간이 소요되겠지만, 정확성은 그만큼 높아질 것이다.

고수들의 조언
Words From Above

각각의 시스템마다 일정한 시간을 투자하라.
자신의 스트로크와 잘 부합하는지 파악하면서 연구하라.
한 가지 시스템에 익숙해졌다면 다음으로 넘어가라.
만일 막히는 부분이 생기면
두세 번씩 들춰보기보다는 잠시 멈춰 두라.
그리고 다음 시스템에 더욱 집중하라.

— 토마스 쇼우(Thomas Shaw) —

크리스가 바라본 당구
Proprietor's View

크리스 크리스만(Chris Chrisman)씨는 시카고에서 대형 당구장을 운영하고 있다. 그는 수십 년 동안 세계 정상급 선수들과 당구 도박꾼들을 관찰하면서 당구에 대한 독특한 시각을 갖게 되었다. 그의 말을 들어 보자.

"저는 40년 동안 각종 대회에 참가하면서, 또 당구장을 경영하면서 2000명이 넘는 포켓볼 선수와 스리쿠션 선수를 보았습니다. 포켓볼 대회에서는 캐롬에 대한 지식을 가진 선수와 그렇지 못한 선수의 차이가 확연히 드러났으며, 수준급 선수들 중 다수가 수구 컨트롤이나 간단한 캐롬 샷도 할 줄 몰랐습니다. 이처럼 캐롬에 대한 지식 보유 여부에 따라 수준급 선수들과 정상급 선수들이 갈렸고, 실제로 정상급 선수들은 스리쿠션에도 탁월한 기량을 보였습니다.

『빌리어드 아틀라스』는 전대미문의 훌륭한 책입니다. 이 책에서 소개한 시스템과 테크닉은 포켓볼/스리쿠션 선수들에게 새로운 가능성의 문을 열어 줄 것입니다. 당구에 대한 지식을 진지하게 배워 본다면 현재보다 한 단계 업그레이드된 플레이를 펼칠 수 있을 것입니다.

포켓볼 선수가 시스템을 습득하게 되면 킥샷이나 스리쿠션 이상의 샷, 그리고 디펜스 플레이에서 조금 더 침착하고 자신감있게 임할 수 있습니다.

모든 포켓볼 게임에서 전략은 매우 중요합니다. 따라서 포켓볼 선수가 자신의 에버리지를 정확히 알고 있다면, 디펜스의 비중을 어느 정도 둘 것인지 보다 철저히 계획할 수 있습니다.

캐롬에 관한 지식을 가진 선수는 자신감을 갖게 되고, 난구 풀이에서도 확연한 차이를 보입니다. 하지만 캐롬을 모른다면 승패가 갈리는 결정적 순간에 치명타를 입을 수 있습니다."

— 크리스 크리스만(Chris Chisman) —

고수들의 조언
Words From Above

수구의 위치를 파악하기 이전에,
수구의 진로에 대한 선이
명확하게 그려져 있어야 한다.

Billiard ATLAS Chapter 7

더블쿠션
Across the Table

대부분의 더블쿠션 샷에는 특별한 테크닉이 숨겨져 있다.
리처드 비탈리스(Richard Bitalis), 빌리 스미스(Billy Smith), 칼 스트라스버거(Carl Strassburger) 선수가 이 장에 많은 도움을 주었다.
더블쿠션에 대한 비탈리스 선수의 동영상을 보면, 1적구를 장축과 평행하게 이동시켜 단축에 떨어뜨려 놓는 모습이 나타난다. 이는 포지션 플레이와 디펜스를 염두해둔 것이다.
스트라스버거 선수는 곡구 현상을 막기 위해 다음과 같이 조언한다. "팔로-스루 스트로크를 하지 마십시오. 곡구 현상이 심해져 수구를 컨트롤하기가 힘들어집니다. 곡구 현상은 기량이 향상되면서 자연스레 마스터할 수 있을 것입니다."
빌리 스미스 선수는 큐 끝이 1적구의 끝(면)을 향한 상태에서 수구의 당점을 시계방향으로 조정해 가며 샷하라고 말한다.
위의 사항을 모두 고려해 보았을 때, 수구의 팁 만이 수구의 진로를 변화시키는 유일한 요인으로 남게 된다. 따라서 이 장에서는 암기할 사항이 많지 않다.

- 빌리 스미스 선수의 더블쿠션
- 할론 선수의 더블쿠션
- 조지 펠스의 조언

빌리 스미스 선수의 더블쿠션
More Billy

▶ **스미스** 선수는 더블쿠션 시스템을 완성했으며, 성공 확률도 높다.

▶ 필자가 그에게 더블쿠션 시스템을 배울 때 누구에게도 퍼뜨리지 않겠다고 약속했지만, 이미 그에게 수강료를 지불했으므로 이 책에서 소개해도 무방할 듯하다.

▶ <**그림 159**>에는 '**기본 3각형**'이 그려져 있고, 당점의 위치(시계 방향)에 따라 단축의 숫자가 정해져 있다.

▶ 수구가 '기본 3각형'의 각과 일치하는 곳에 위치한다면, 당점을 2시 방향에 두었을 때 수구는 단축의 2지점으로 진행한다.

▶ 당점이 3시 방향일 경우는 단축의 3지점으로 진행한다.

▶ 이 시스템을 통해 독자들은 수구를 스트로크하는 방법과 좁은 각/넓은 각을 결정하는 기준에 대한 아이디어를 얻게 될 것이다.

▶ 추가적인 정보를 얻고 싶다면 스미스 선수에게 직접 연락해 보기 바란다.

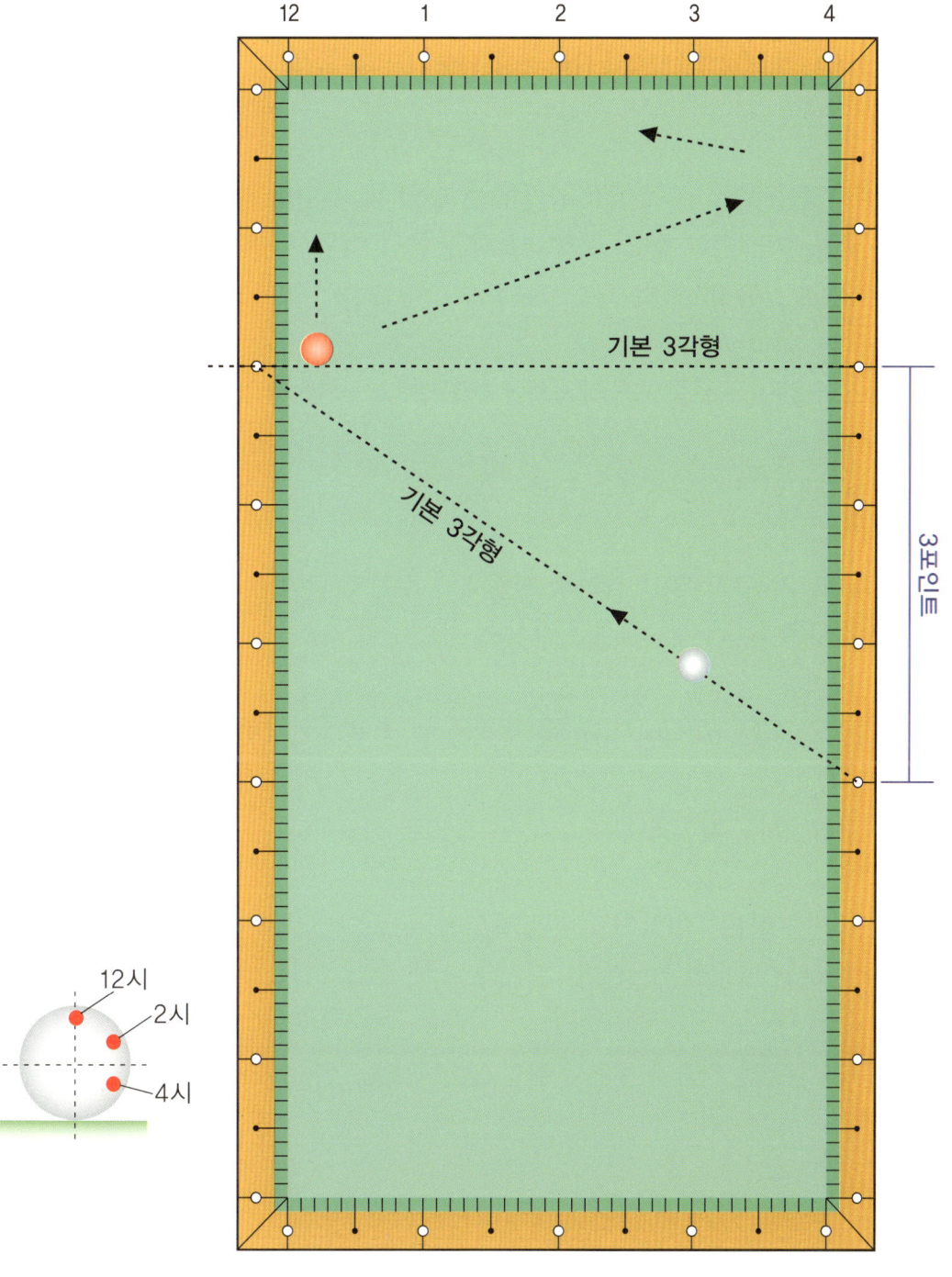

〈그림 159〉

할론 선수의 더블쿠션
Hallon's Across The Table

▶ **캐로스 할론(Carlos Hallon)** 선수는 샷할 때 수구의 당점을 하단에 두고 큐 끝을 살짝 들어 준다. 브리지도 약간 올린 다음 수구를 전진시킨다(이는 끌어치기 샷이 아니다).

▶ 1쿠션 지점은 오른쪽 그림에서처럼 1적구보다 공 한 개 정도 아래쪽이다.

▶ **이 샷에서의 변수**는 바로 수구의 당점이다.

▶ 1적구와 2적구가 멀리 떨어져 있을수록 수구의 당점은 많아진다(맥시멈은 2팁까지이다).

▶ 오른쪽 그림은 1/2팁에서 2팁을 주었을 때 수구의 진로이다.

▶ 1적구와 2적구 사이의 한계 거리는 1포인트 정도이다.

▶ 수구가 진행하는 각이 매우 좁기 때문에 속도 5로 샷할 경우 3쿠션 내지 4쿠션째에서 득점이 가능하다.

▶ 수구의 당점을 하단에 두면서 끌지 않는 타법을 연습하라.

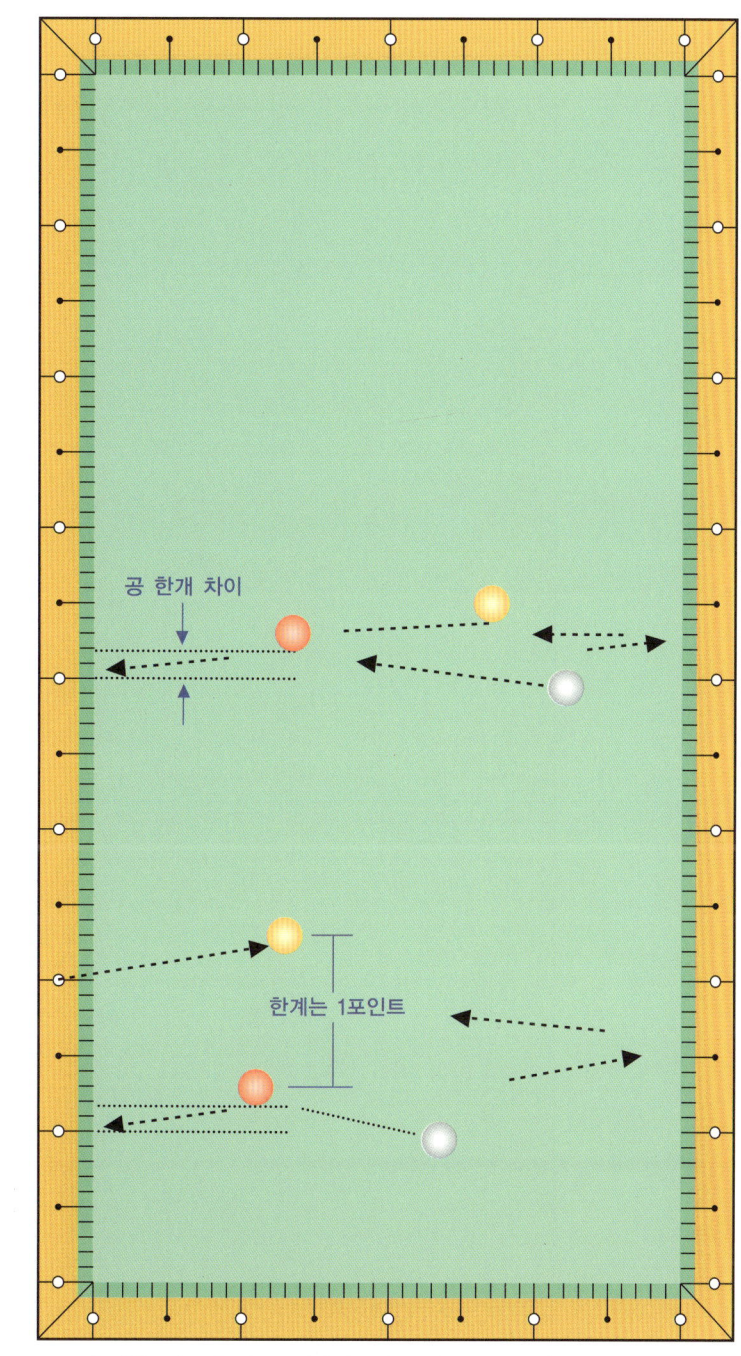

※ 더 많은 정보를 얻고 싶다면, 번의 저서 125쪽을 참조하라.

〈그림 160〉

ACROSS THE TABLE

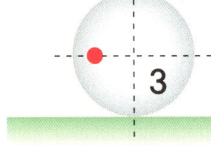

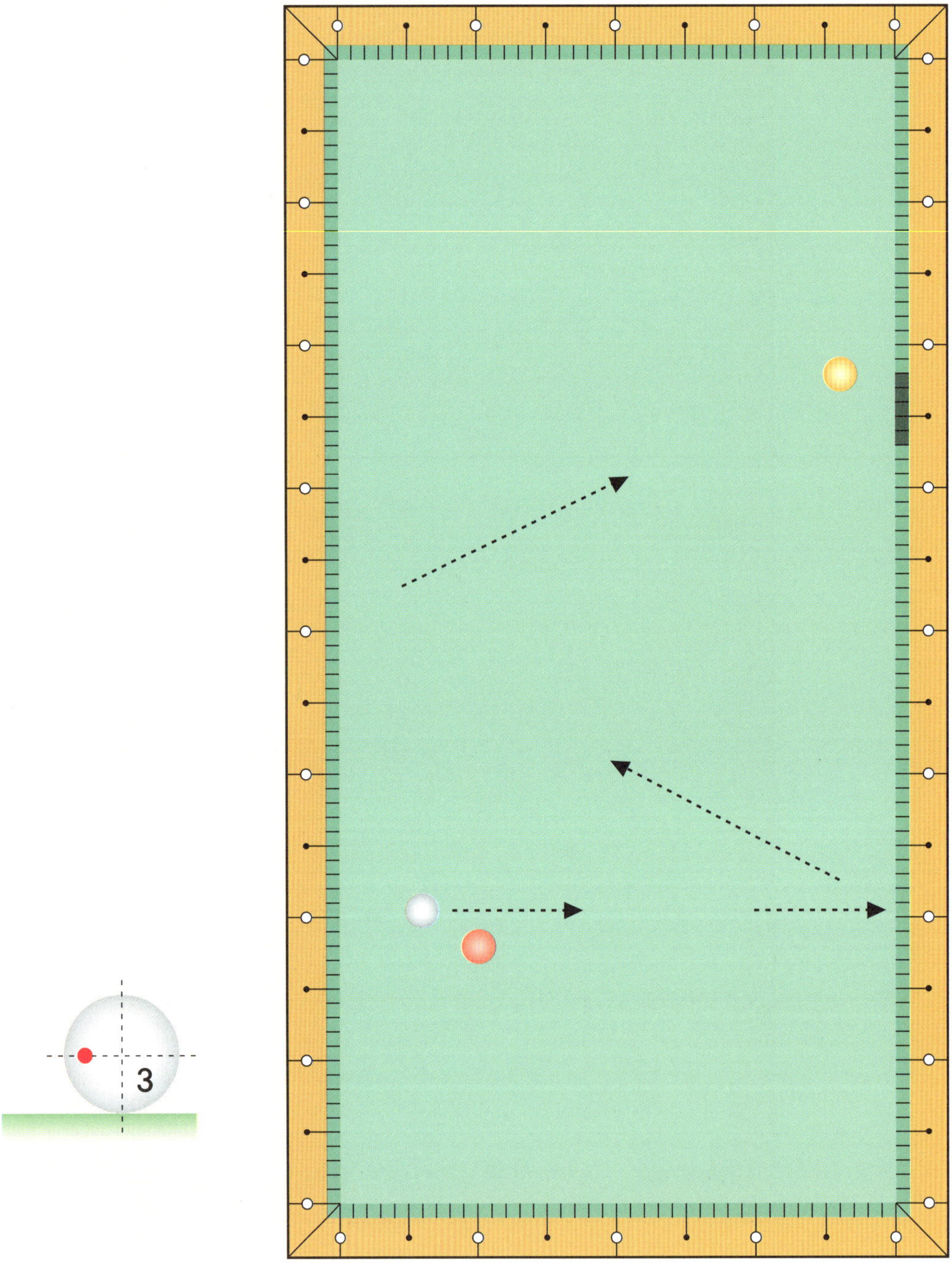

〈그림 161〉

※ 수구의 위치가 좋지 않을 경우 벽의 한 지점을 겨냥하라

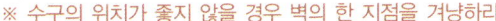

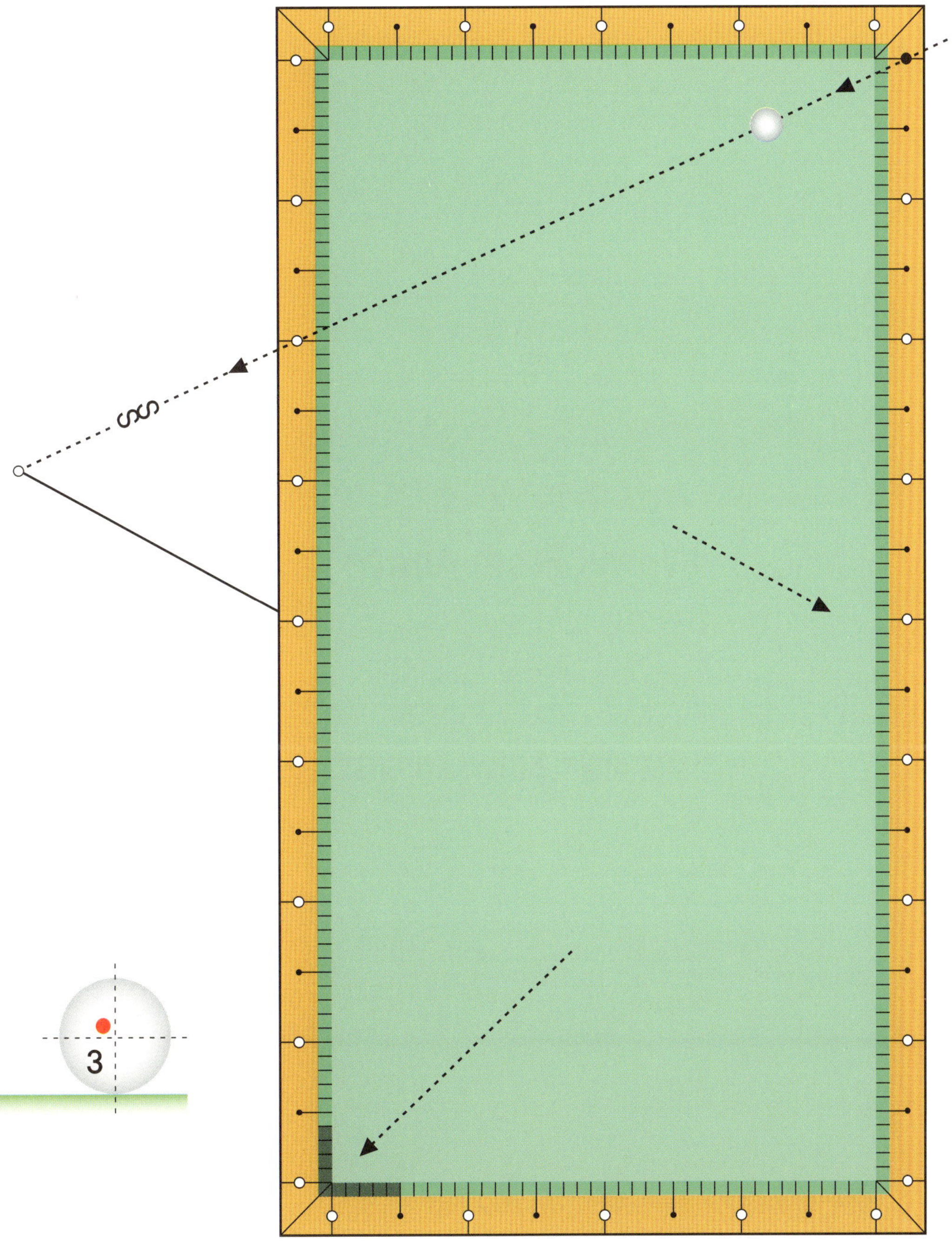

라공글 선수의 트랙

〈그림 162〉

고수들의 조언
Words From Above

득점이 최우선 목표이다.

- 리차드 비탈리스(Richard Bitalis) -

조지 펠스(George Fels)의 조언

조지 펠스는 계관 시인이다. 그가 남긴 유머와 위트는 당구를 더욱 풍요롭게 만들었다. 데이먼 러니언(Damon Runyon)[9]과 같은 그의 캐릭터 덕분에 당구에도 로망이 깃들여졌다.

조지 펠스는 유용한 당구 정보 수집가이기도 했다. 그가 빌리어드 다이제스트에 연재한 101가지 비법은 최고급 정보였다.

그 중에서 스리쿠션과 관련된 몇 가지 비법을 소개해 본다.

"스리쿠션과 포켓볼 수준의 집중력이 요구되는 스포츠는 골프가 유일하다. 왜냐하면 방해하는 상대가 아무도 없는 상태에서 정지된 공을 때려야 하기 때문이다. 적은 경기 그 자체일 뿐이다. 모든 집중력을 쏟아부어라.
마지막 예비 스트로크가 끝나면 잠시 '완전히' 멈추라. 그리고 겨냥점을 체크하라. 완벽하게 감이 온 후에 방아쇠를 당겨라. 그렇지 않다면 다시 일어서서 교정하라. 스트로크와 경기 리듬을 일정하게 유지하는 데 도움이 될 것이다.
한번 엎드린 상태에서 겨냥점을 재조정하지 말라. 십중 팔구는 실패할 것이다. 뛰어난 선수들은 대부분 선 상태에서 샷의 진로를 그리기 시작하지, 엎드릴 때까지 기다리지 않는다.
예비 스트로크는 3~5회로 충분하다. 더 길어질 경우 리듬을 잃게 되며, 불필요한 압박감 속으로 빠져들게 된다.
'당점은 1팁 이상 주지 말라'는 옛 격언은 버려라. 장비가 급속도로 발달한 요즘, 이 격언을 따르다가는 결코 당신이 원하는 방향으로 수구를 보내거나 컨트롤할 수 없다. 가능하다면 노잉글리시를 사용하되 그럴 기회는 생각보다 적을 것이다. 당신이 컨트롤 할 수 있는 모든 당점을 사용할 수 있도록 연마하라."

---

[9] 역주) 뮤지컬 『아가씨와 건달들(Guys and Dolls)』의 토대가 된 단편 『미스 새러 브라운의 스토리(The Idyll of Miss Sarah Brown)』의 작가.

Billiard
ATLAS

Billiard ATLAS
Chapter 8

원쿠션 걸어치기
Chicago First Rail Tracks

1쿠션 걸어치기 시스템은 '자연각(natural angle)'의 진로를 이용한다. 수구의 속도, 당점, 스트로크 모두 표준화되어 있다. 수구의 진로는 수구 수에 따라 결정된다.
이 장은 1쿠션 걸어치기에 관한 의문점을 해결하는 데 많은 도움이 될 것이다.

- 원쿠션 걸어치기의 트랙
- 원쿠션 걸어치기의 돌아나오는 폭
- 원쿠션 겨냥점 파악법
- 원쿠션 걸어치기의 6가지 트랙
- 트랙의 전환
- 도넬리의 공쿠션치기

원쿠션 걸어치기의 트랙
Rail First Track

▶ <그림 163>과 같은 원쿠션 걸어치기의 배열에서, 수구가 코너에서 돌아나와 장축 48.5 부근으로 보낼 수 있는 방법이 존재할까?

▶ 정답은 YES이다. 수구의 당점과 속도에 변화가 있다는 사실에 유의하라. 1적구의 두께도 마찬가지이다.

▶ 수구가 A선상에 있을 때, 코너에서 회전이 살아있는 상태로 되돌아나와 4쿠션 지점이 48.5가 되기 위해선 1적구가 32.5에 위치해야 한다. 이때 4쿠션 지점은 1적구로부터 16만큼 떨어져 있게 된다(32.5 → 48.5).

▶ 이는 수구 수가 단축 1포인트일 때의 진로이다.

▶ 그리고 이 진로는 조단선과 더불어 필히 암기되어야 한다.

▶ 오른쪽 그림에서 제시된 당점으로 1적구를 반드시 두껍게 맞춰야 한다.

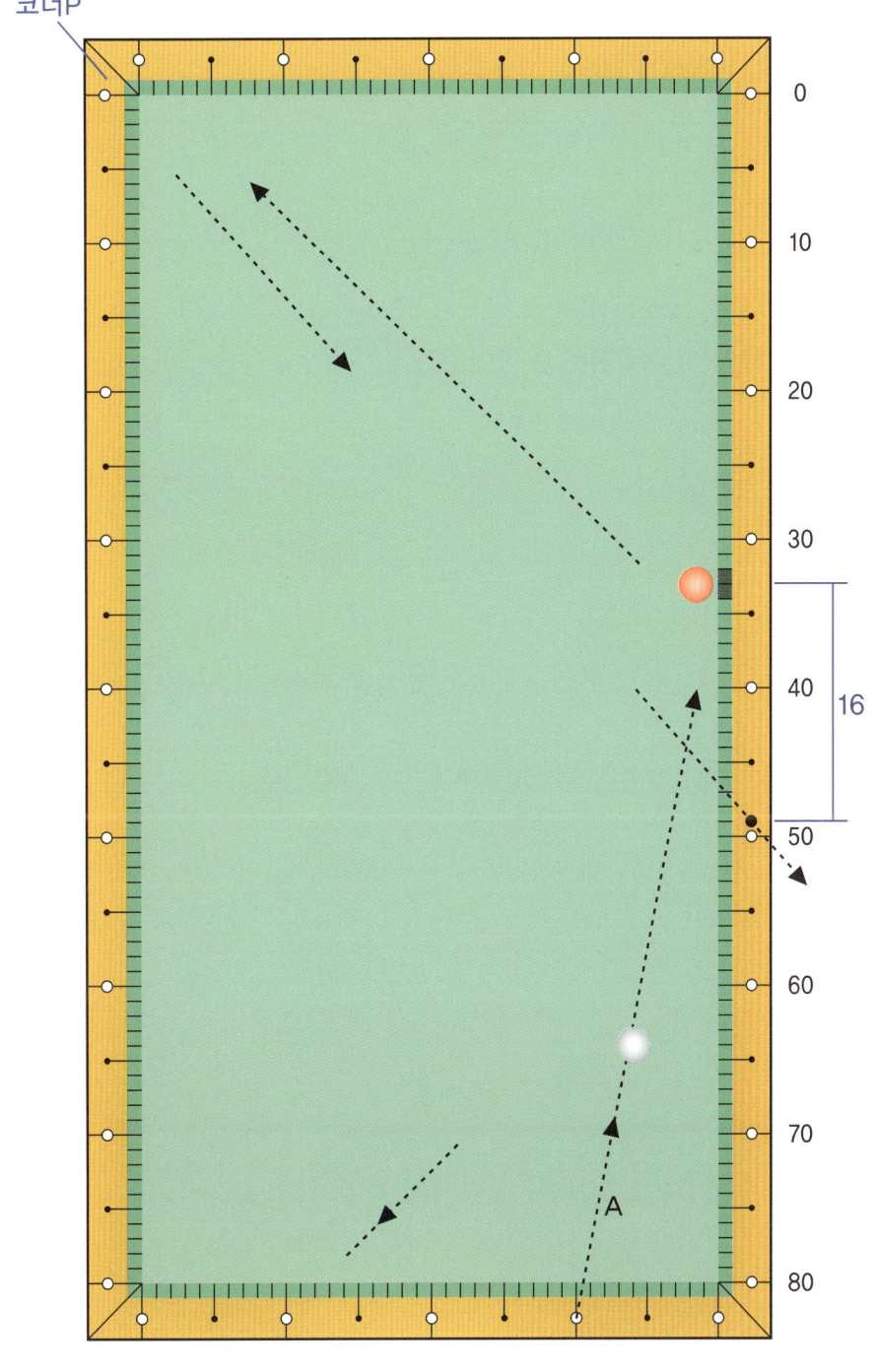

〈그림 163〉

CHICAGO FIRST RAIL TRACKS

원쿠션 걸어치기의 6가지 트랙
Six Rail First Tracks

▶ A부터 F까지 수구의 위치가 지정되어 있다.

▶ 이에 따라 1적구의 위치도 6가지로 나뉜다. 그리고 수구는 회전이 충만한 상태에서 코너 P를 돌아나와야 한다.

▶ 오른쪽 트랙을 외우긴 비교적 쉽다. 1적구의 위치는 32.5부터 7.5까지이다.

▶ 각 위치 사이의 거리는 반 포인트씩이다.

▶ A는 32.5, B는 27.5, C는 22.5... 임을 기억하라.

▶ E와 F지점이 조금 애매한데, 1적구를 두껍게 맞추기 힘들기 때문이다. 조금 얇은 두께로 겨냥하라(특히 F지점).

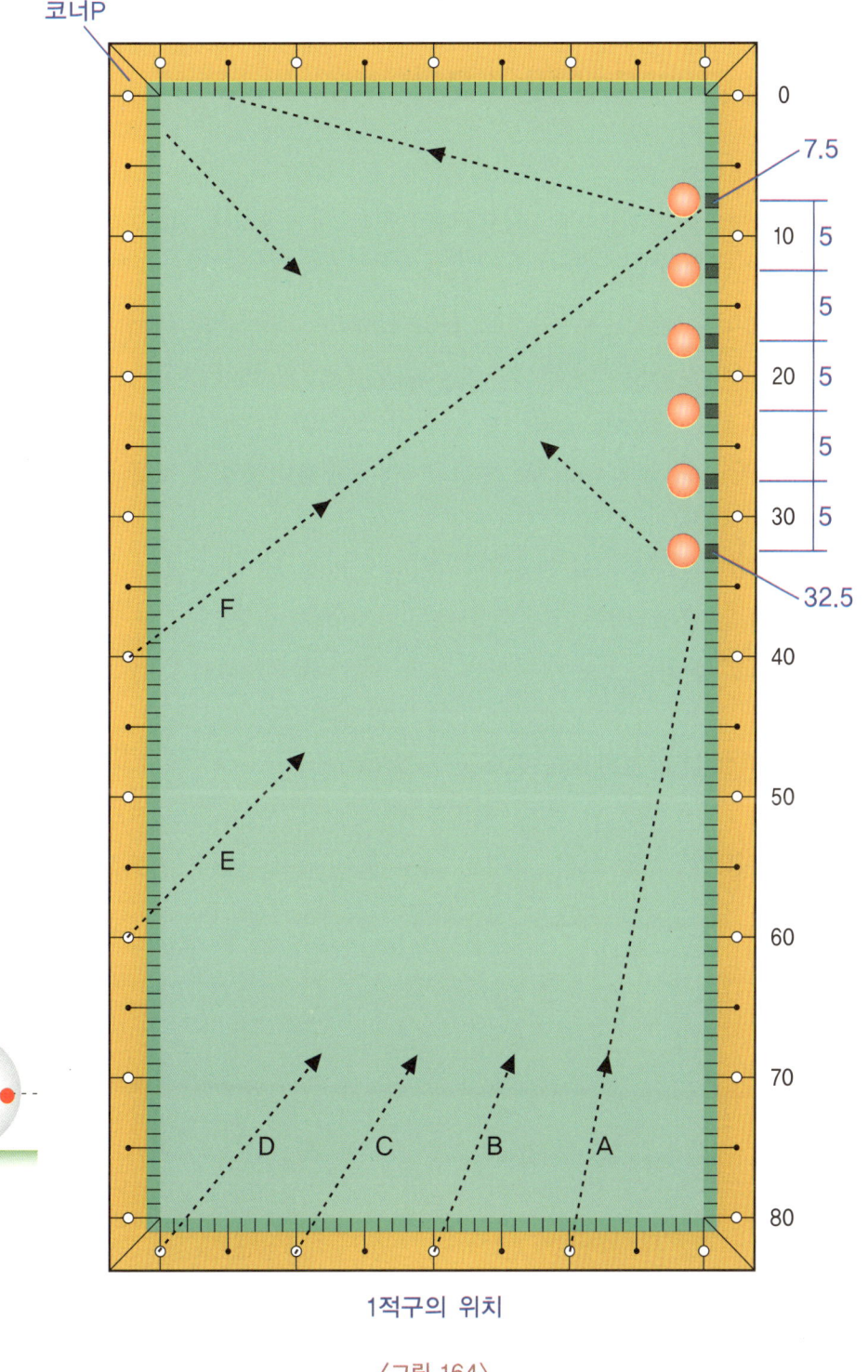

1적구의 위치

〈그림 164〉

CHICAGO FIRST RAIL TRACKS

원쿠션 걸어치기의 돌아나오는 폭
Rail First 3rd Rail Returns

▶ 3쿠션에서 4쿠션으로 돌아나오는 폭은 쉽게 암기할 수 있다.

▶ 트랙A가 1.6포인트 아래로 돌아나온다는 것은 앞장에서 설명한 바 있다. 32.5에서 16을 더하여 4쿠션 지점은 48.5가 된다.

▶ 트랙B는 27.5에서 코너로 향하고, 45.5로 돌아나온다. 고로 변화폭은 18이다.

▶ 수구의 위치에 따라 변화폭은 0.2포인트씩 차이가 난다. A는 1.6, B는 1.8, C는 2포인트 이런 식으로 새로운 위치에서 0.2포인트씩 차이가 난다는 점을 암기하라.

▶ 이는 마치 전화번호를 외우는 것과 같다.

▶ 1적구의 두께와 당점, 수구의 속도 등이 애매하므로 변화폭이 약간씩 다를 수 있다. 그렇다 해도 이 6가지를 기준 트랙으로 활용할 수 있다.

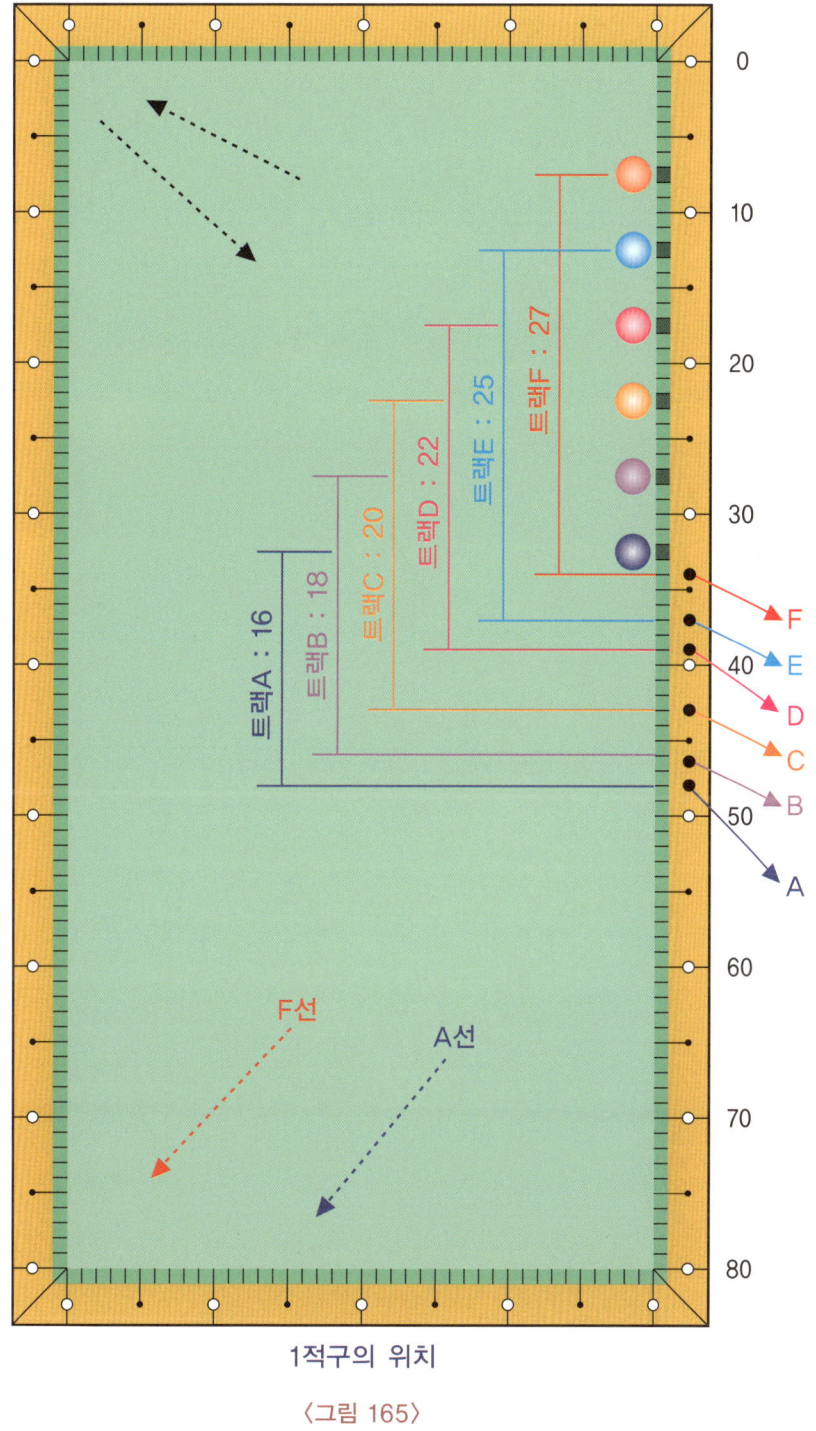

1적구의 위치

〈그림 165〉

CHICAGO FIRST RAIL TRACKS

트랙의 전환
Rail First Track Shift

▶ 불행하게도 수구가 자신이 원하는 위치에 서 있는 경우는 극히 드물다. 이 경우 평행 이동법을 사용할 수 있다.

▶ 만일 수구 수는 A이지만 1적구의 위치가 22.5일 경우에, 새로 바뀐 수구의 진로를 어떻게 파악할 것인가?

▶ 먼저 수구 수가 A일 때의 기준 트랙을 찾아라. 32.5-코너-48.5이다.

▶ 다음 트랙A를 22.5까지 평행이동시키고, 두 트랙 사이의 거리를 측정하라.

▶ 그리고 돌아나오는 트랙A를 그 거리만큼 아래로 평행이동시켜라. 이 선이 바로 새로운 수구의 진로이다.

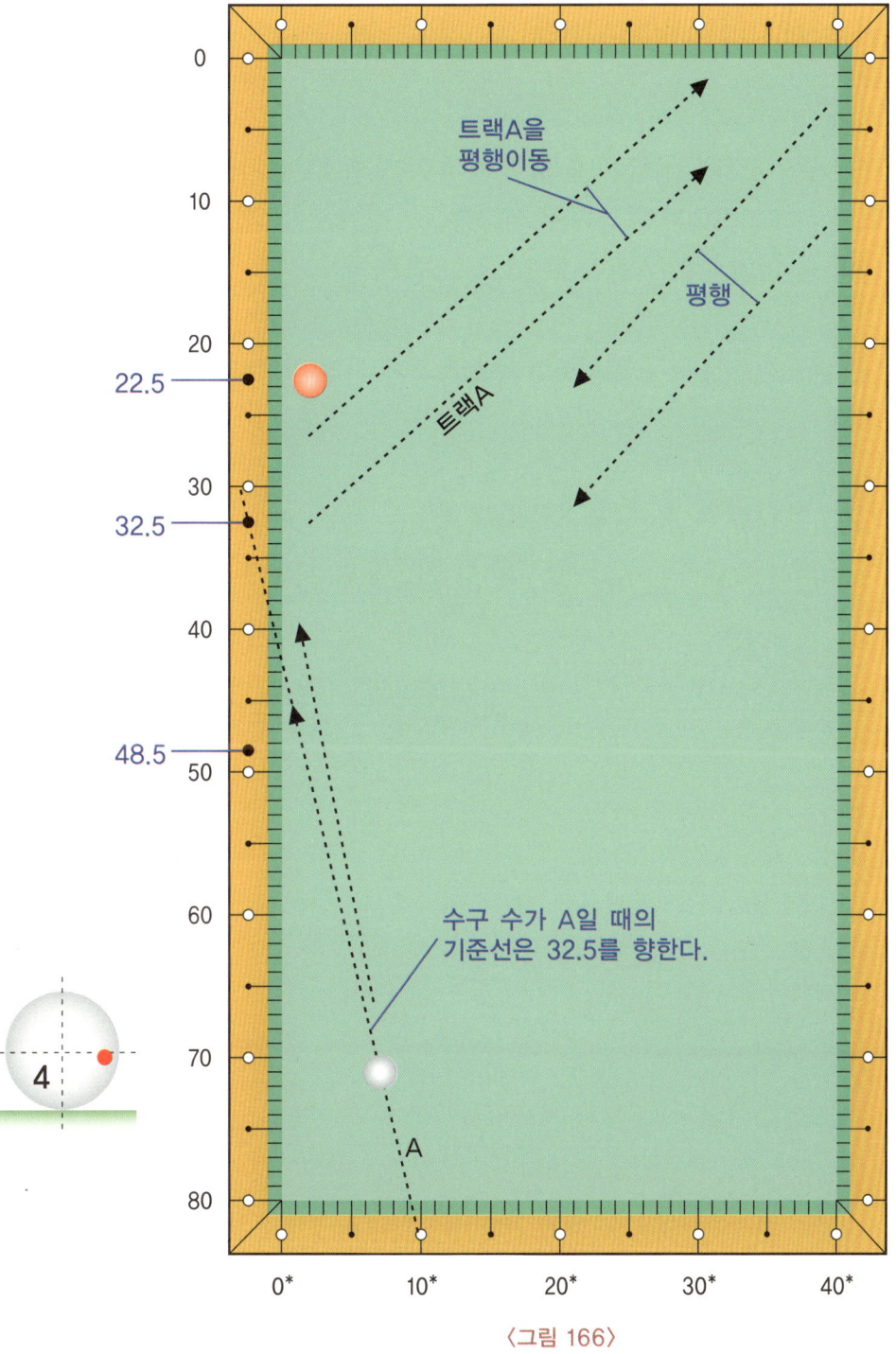

〈그림 166〉

CHICAGO FIRST RAIL TRACKS

원쿠션 겨냥점 파악법
Rail First Hit Method

▶ 원쿠션 걸어치기에서 1적구를 얇게 맞추어야 할 때가 가끔 있다. 필자는 시카고에서 크리스씨가 운영하는 당구장에서 앞으로 소개할 '원쿠션 겨냥점 파악법'을 여러 차례 사용해 보았다.

▶ X는 1적구의 바깥쪽 끝에서부터 쿠션까지의 거리이다(아마 1mm정도 짧을 것이다).

▶ 1적구의 중심을 통과하면서 장축과 수직하는 선을 긋자. 이 선을 따라 장축 안쪽 끝에서 바깥쪽으로 X만큼 떨어진 지점을 A라고 한다.

▶ A가 바로 수구의 겨냥점이다.

※ 구멍치기에서도 위와 같은 방법을 사용한다. 단지 X가 1적구 안쪽 끝과 장축 사이의 거리로 바뀐다

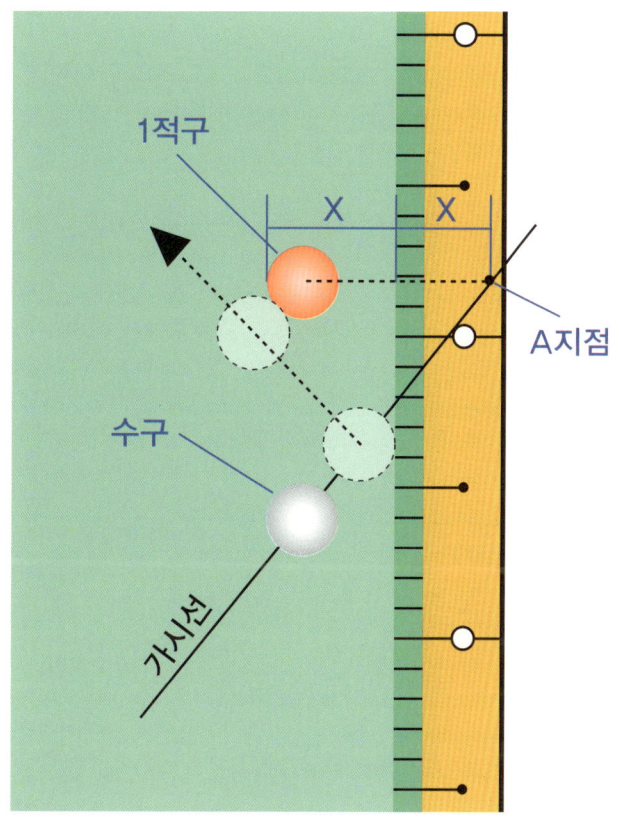

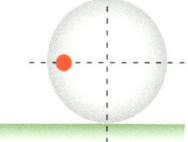

〈그림 167〉

CHICAGO FIRST RAIL TRACKS 169

도넬리의 공쿠션치기
Donnelly's Kiss Back

▶ **마이크 도넬리(Mike Donnelly)** 선수가 오래된 보크라인 기술인 공쿠션 샷을 전수해 주었다.

▶ 수구의 중심에서 1적구의 중심을 향하는 가상의 선을 그어라.

▶ 다음 1적구의 중심에서 1쿠션 지점으로 향하는 가상의 선을 그어라.

▶ 두 선과 1적구의 테두리가 만나는 부분을 표기하라(그림에서 A, B).

▶ 1적구의 테두리에서 A와 B의 중간지점을 찾아라. 이 지점이 수구의 겨냥점이 된다(C).

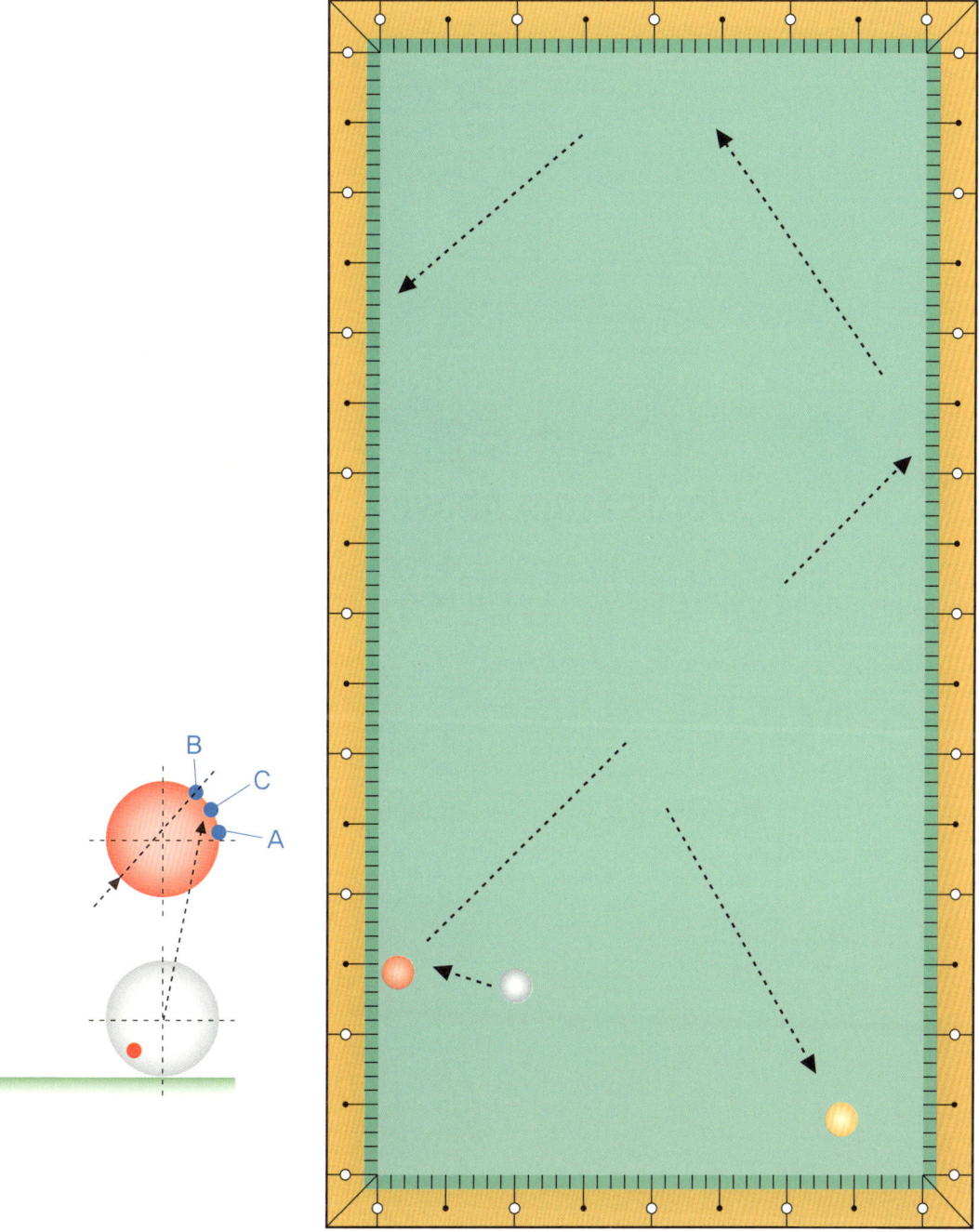

〈그림 168〉

고수들의 조언
Words From Above

당신이 알고 있는 '트랙 이론'은 틀림없이 정확할 것이며,
새로운 조정값 또한 정확히 계산할 수 있어야 한다.
그 후엔 테크닉이 가장 중요한 요인으로 작용한다.

– 레이몽드 클르망(R. Ceulemans) –

레이 마틴 선수의 조언
Ray On Rail First

포켓볼 세계선수권 대회를 3번 연속으로 제패한 레이 마틴 선수가 원쿠션 걸어치기 시스템을 시험해 보았다.

마틴 선수의 스트로크는 이 시스템에 정확히 들어 맞았고, 수구의 진행 방향 또한 텍스트와 일치했다. 레이 선수는 말하길,

"원쿠션 걸어치기의 선을 평행이동시켜 다양한 형태로 적용해 볼 수 있습니다. 이제 상대방에게 쉽게 볼–인–핸드[10] 기회를 주지 않을 것입니다."

또한 마틴 선수는 1장의 데드볼 시스템을 검토한 후 아래와 같이 말했습니다.

"이 시스템은 즉시 실전에서 사용 가능합니다."

---

[10] 포켓볼에서 정해진 1적구를 맞추지 못했을 경우, 상대방이 원하는 위치에 수구를 놓고 공격하는 것.

Billiard
ATLAS

Billiard ATLAS Chapter 9

키스와 포지션 플레이
Kisses and Position

정상급 선수들은 키스를 잘 피하고, 포지션도 잘 세운다. 하지만 세계적인 선수들은 키스를 내는 경우가 거의 없다. 이 둘은 득점력에서 어마어마한 차이로 이어진다. 세계적인 선수들은 포지션 플레이 또한 일품이다.

우리는 1991년 5월 이스턴 클래식 대회에 참가한 4명의 선수들이 키스, 큐미스, 파울하는 장면을 모니터했다. **레이몬드 클르망** 선수는 각 이닝마다 큐팁에 각별히 신경을 썼으며, 큐미스는 거의 없었다.

100점 먼저치기 경기를 기준으로 했을 때, 선수들의 위의 실수(키스, 큐미스, 파울)만 범하지 않았다면 평균 20점을 더 득점할 수 있었을 거라는 결과가 나왔다. 이 장은 비교적 간단하다. 포지션 플레이에 대한 정보는 다른 장에서도 중복하여 나오기 때문이다.

키스에 관한 **코크란(Cochran)** 선수의 글은 짧고 명확하다. 또한 독자 여러분들은 범프샷, **멀 스미스(Merle Smith)** 선수의 밀어치기 기술, **이상천** 선수의 기술 등 많은 무기들을 습득하게 될 것이다.

- 키스 피하기
- 대회전에서 키스 피하기
- 범프샷
- 달라스 웨스트 선수의 풀어주기 타법
- 팬샷
- 챔피언의 초이스
- 스미스 선수의 밀어치기 시스템
- B형 선수의 문제점
- 마틴 선수의 스톱샷

키스 피하기
Avoiding Kisses

▶ 스리쿠션 게임에서 가장 짜증나는 일은 수구를 완벽하게 보냈는데 득점 직전에 당구대를 돌아다니던 1적구가 불시에 튀어나와 수구와 부딪히는 것이다. 이를 당구 전문 용어로 '키스'라고 한다. 일반 선수들은 키스 때문에 득점에 자주 실패하곤 한다.

▶ 스리쿠션에서 키스를 피하는 절대적 법칙은 존재하지 않지만, 몇 가지 사항을 알아두면 키스 피하기에 큰 도움이 될 것이다.

▶ 키스가 나는 가장 큰 원인 중 하나는 수구가 1적구를 정확히 1/2두께로 때리기 때문이다. 이 경우 수구와 1적구는 같은 속도로 서로 반대 방향을 향해 진행할 것이고, 몇 쿠션 돌고 난 후에 당구대 중앙에서 다시 만날 가능성이 크다. 그렇다고 해서 무조건 1/2두께로 1적구를 맞추지 말라는 소리는 아니다. 1/2두께가 필요한 경우도 많기 때문이다. 단지 필자는 수구와 1적구의 진로를 계산하는 약간의 팁을 주고자 한다.

▶ 샷의 속도를 조금 빠르게 하거나, 수구의 하단을 타격해 1쿠션에서 살짝 끌어서 키스를 피하는 경우도 종종 있다.

▶ 하지만 일반적으로 키스가 많이 나는 배열에 맞닥뜨렸을 때, 선수는 샷하기 전에 수구를 1적구보다 먼저 보낼지, 아니면 1적구를 먼저 보내 놓고 수구를 보낼지 결정해야 한다.

▶ 전자의 경우는 1적구를 얇게 맞추어야 하며, 후자의 경우는 1/2 이상 두께로 맞춰야 한다. 만일 키스를 피할 자신이 없다면, 1적구를 장축이 아니라 단축으로 보내놓는 방법도 자주 쓰인다.

▶ 또한 같은 배열에도 여러 가지 초이스가 가능하다는 사실을 명심하라. 키스 날 확률이 많은 초이스는 가급적 피하고, 조금 어려워 보이더라도 다른 길을 선택하라.

▶ 모든 조건이 동등할 경우에는 수구와 가까이 있는 공을 먼저 치는 것이 바람직하다. 정확한 두께, 편안한 스트로크로 샷할 수 있다.

▶ 스리쿠션 동호인들은 프로 선수들이 키스를 피하는 장면을 보고 놀라워한다. 하지만 이 선수들은 어떻게 키스를 피할 것인지 철저히 계산하고 샷한다는 점을 명심해야 한다. 이 점에서 일반 동호인들과 프로 선수들이 갈리며, 이 차이는 상당히 크다.

▶ 만일 똑같은 배열에서 계속 키스를 낸다면, 1적구를 더 두껍게 맞춰서 수구보다 먼저 보내 보라. 이것도 실패한다면, 1적구를 더 얇게 맞춰 보라. 둘 다 실패할 경우, 그 배열에 대한 전혀 다른 공략법을 강구해야 할 것이다.

▶ 서튼(R. L. Sutton)씨가 출판한 웰커 코크란(Welker Cochran) 선수의 저서 『당구의 과학(Scientific Billiards)』에서 참조하였다. 도움을 준 ABA 관계자분들께 감사드린다.

챔피언의 초이스
The Champ's Unique Variation

▶ <그림 169>은 이상천 선수가 경기에서 쳤던 초이스로, 수구 회전을 아주 조금만 주고 1적구를 얇게 맞추는 공이다. 3쿠션 지점이 넓고, 득점 확률도 매우 높다.

▶ 이와 같은 초이스야말로 키스를 피하기 위한 새로운 공략법의 본보기라고 할 수 있다.

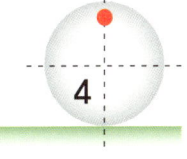

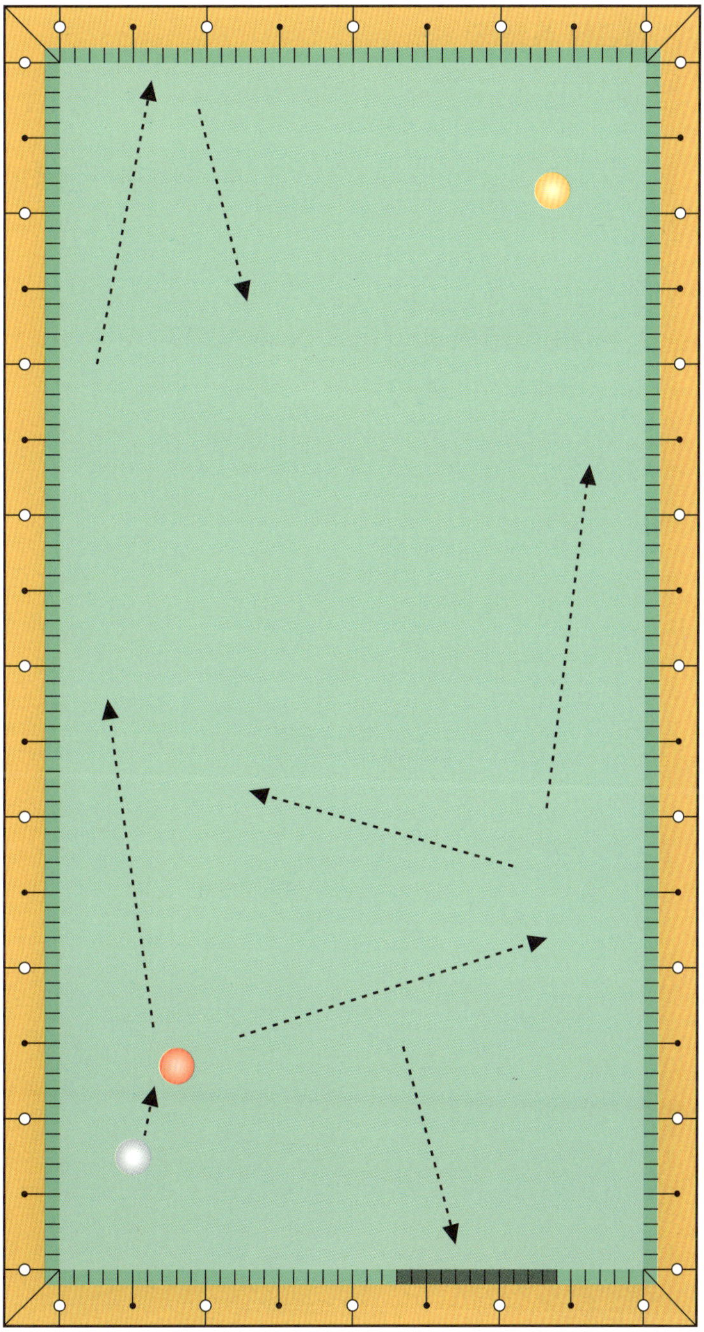

〈그림 169〉

KISSES AND POSITION

대회전에서 키스 피하기
Five Rail Kiss

▶ 〈그림 170〉은 이상천 선수가 전수해 준, 키스를 최소화할 수 있는 1적구의 진로이다.

▶ 당점과 두께는 배열에 따라 달라질 수 있다.

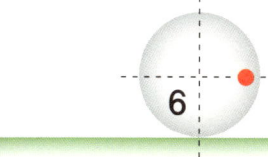

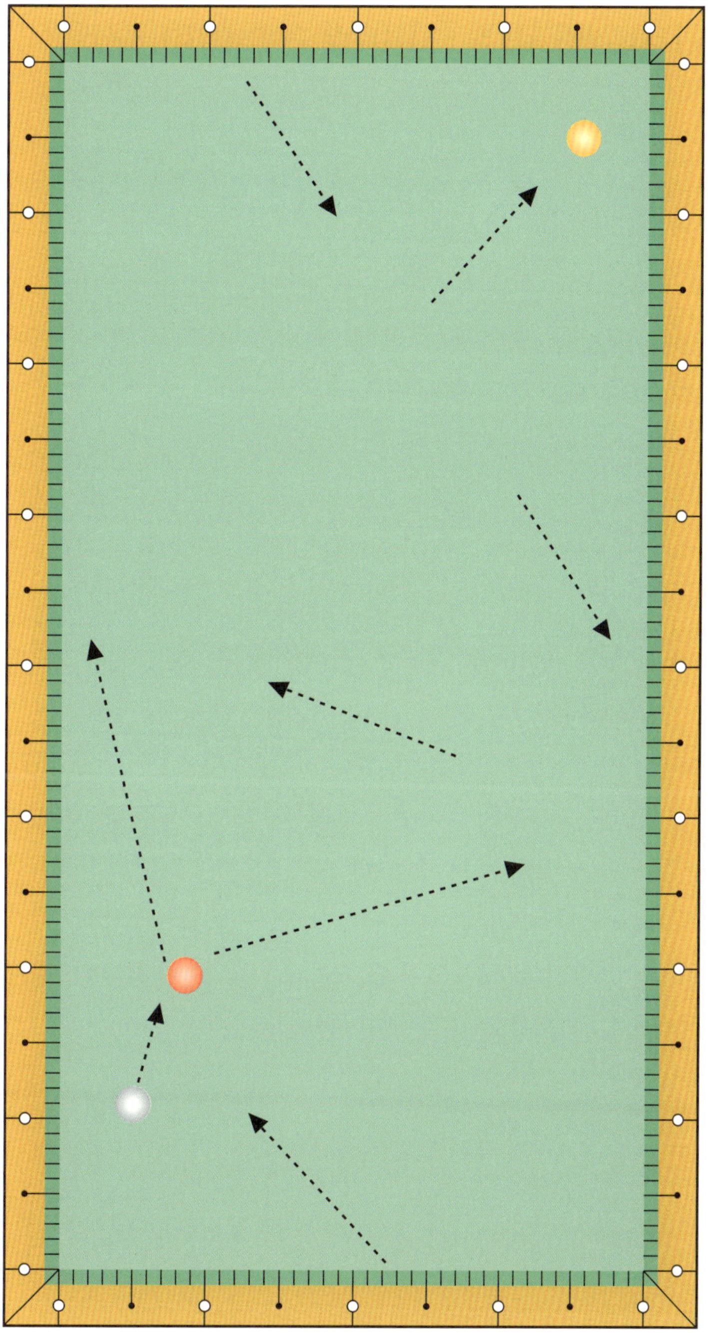

〈그림 170〉

KISSES AND POSITION

스미스 선수의 밀어치기 시스템
Merle Smith's Follow System

▶ 이 시스템은 다양한 형태의 밀어치기 샷에서 수구가 어떻게 이동하는지 알려주는 유일한 시스템이다.

▶ <그림 171>를 보면 M쿠션에 숫자가 정해져 있고, 수구에도 역시계방향으로 같은 숫자가 정해져 있다.

▶ M쿠션에서 목적 지점이 2포인트일 경우, 수구에 2시 방향의 당점(실제 10시 방향)을 주고 큐팁이 1적구의 중심을 관통하게끔 샷해야 한다.

▶ 만일 수구와 1적구가 O쿠션 가까이에 위치할 경우, 큐 끝을 살짝 들어 주는 것이 좋다.

▶ 이 시스템은 수구와 1적구가 당구대 어느 부분에 위치하건 적용 가능하지만, 유연하게 밀어치는 기술의 습득이 선행되어야 한다.

▶ 키스를 피하기 위해 1적구를 거의 다 맞추는 경우가 많으며, 키스를 피하면 이 시스템은 성공할 가능성이 매우 높다.

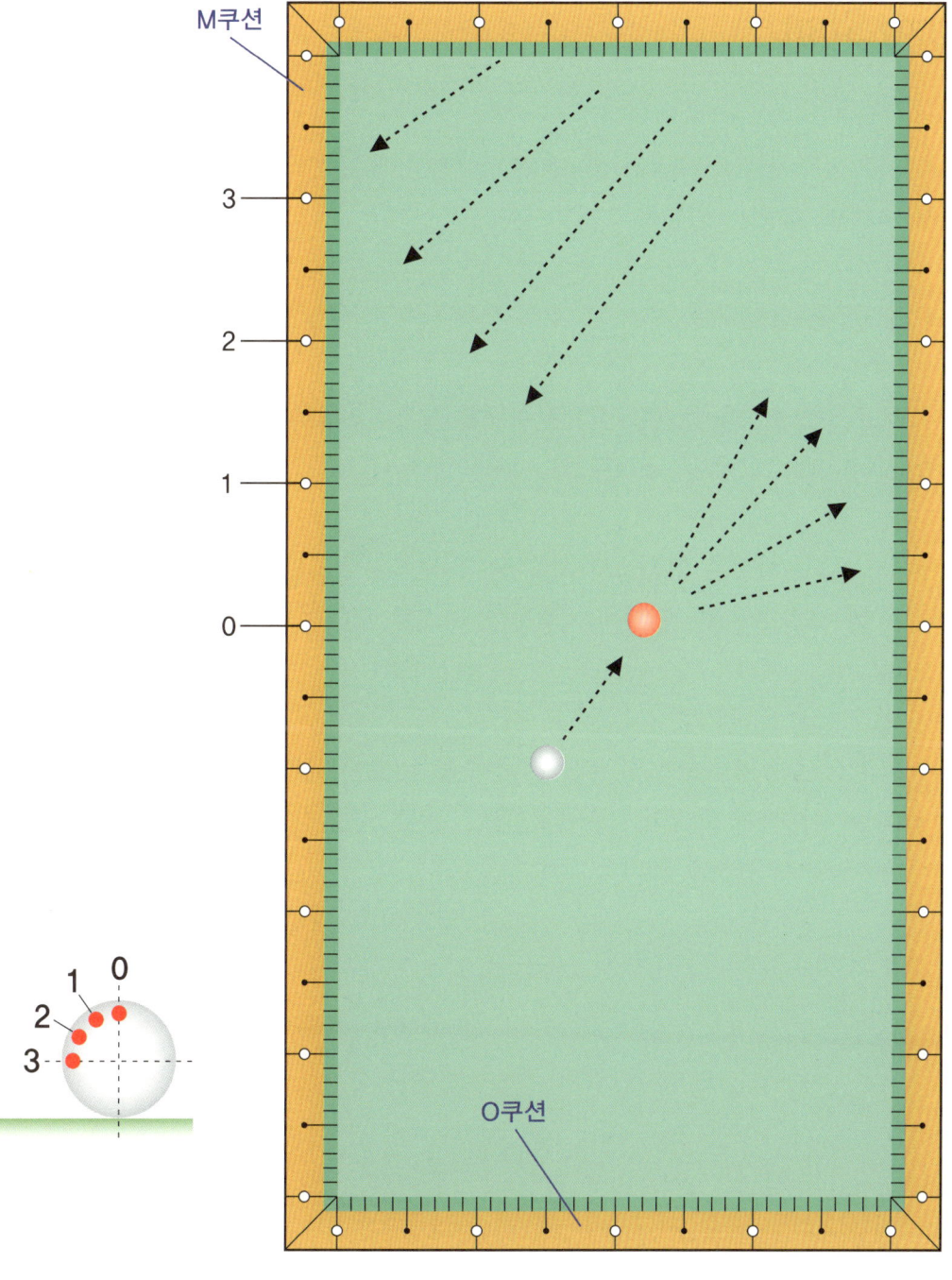

〈그림 171〉

KISSES AND POSITION

범프샷
Bump Shot

▶ 오른쪽 그림은 끊어치기(Jab shot/Stun shot)에 관한 것이다. 이 테크닉에서 1적구를 때리는 방법은 아래와 같다.

▶ 수구의 당점은 3시나 9시인데, 그보다 살짝 낮아도 무방하다.

▶ 잽 스트로크를 사용하라. 이 타법은 수구를 팔로-스루하지 않은 채로 타격하는 것이다(빠르고 짧은 스트로크).

▶ 오른쪽 그림의 배열은 실전에서 자주 등장하는데, 필자는 깊숙이 끌어치기보다는 잽 스트로크를 선호한다. 후자가 키스를 피하는 데 더 효과적이기 때문이다.

▶ 선수들의 경기 동영상을 보면, 이상천 선수를 비롯한 세계 정상급 선수들이 이 타법을 사용하는 모습이 자주 등장한다. 반면 일반 선수들은 아직 이 테크닉을 적용하지 못하고 있다.

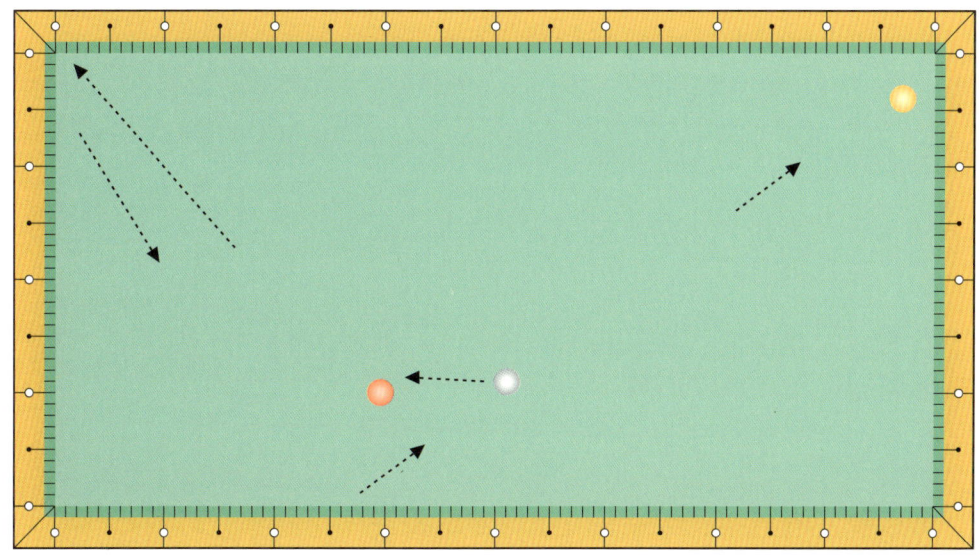

〈그림 172A〉

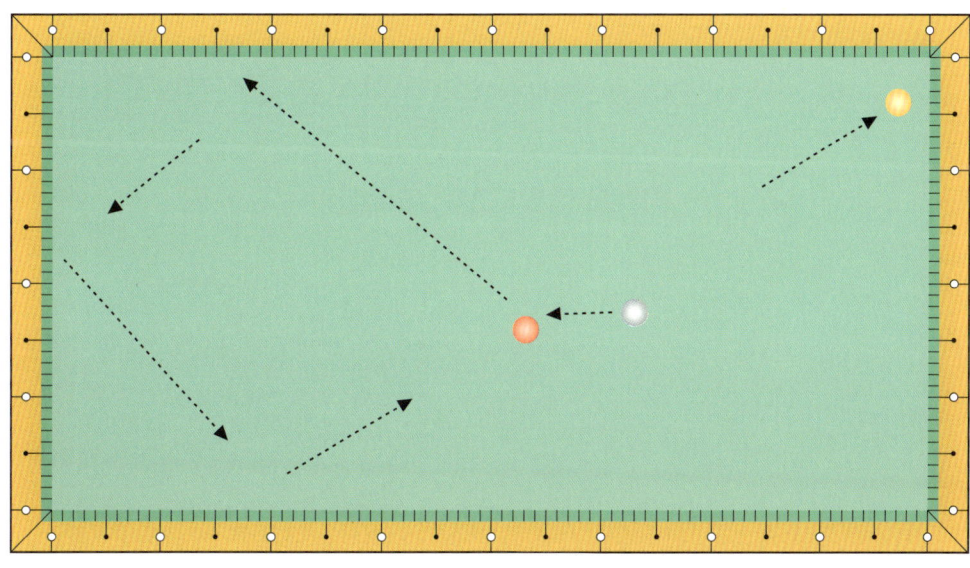

〈그림 172B〉

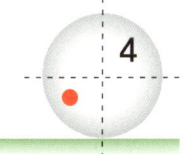

KISSES AND POSITION 185

고수들의 조언
Words From Above

여러 가지 초이스 중에 끌어치기 샷이 가장 어렵다.

— 리차드 비탈리스(R. Bitalis) —

B형 선수의 문제점
Concentration, Care and Execution

▶ 오랫동안 당구 경기를 관람해 온 밥 다니엘스(Bob Daniels)씨는 'A형 선수'와 'B형 선수'에 대한 흥미로운 분석을 내 놓았다.

▶ 25점제 경기에서 'B형 선수'는,
  1. 큐미스와 파울이 많다.
  2. 6회 이상 키스를 낸다.
  3. 6회 정도 포지션이 안 좋은 공을 초이스한다.
  4. 길을 확실히 정해 집중력있게 샷하지 못하고 10번 정도 성급하게 샷한다.
  5. 왼손으로 샷할 줄 모른다.
  6. 샷을 너무 강하게 한다. 결국 수구 컨트롤에 실패하여 상대방에게 쉬운 공을 준다.

▶ 위의 시나리오는 다니엘스의 이론일 뿐이지만, B형 선수가 어떤 문제점을 갖는지 예리하게 지적하고 있다. 이 선수들은 많은 노력이 필요하다. 상대방을 의식하며 허겁지겁 샷하지 말라. 당구에 대한 새로운 정보를 습득하고 나면 게임 운영 능력도 더욱 향상될 것이다.

▶ 캐로스 할론(Carlos Hallon) 선수는 선을 그려 수구의 진로를 결정하고, 포지션 플레이, 디펜스, 키스 여부 등을 고려한 후에 샷을 한다. 이 모든 과정은 순식간에 진행되는데, 마치 일어나자마자 샷하는 것 같다.

당구 선수의
가장 친한 친구는
당구대의
포인트이다.

달라스 웨스트 선수의 풀어주기 타법
The Dallas West Hand Release

▶ 강하게 끌어치기/밀어치기를 해야 하는 경우, 보다 효과적인 샷을 위해 브리지와 그립을 풀어 주어야 한다.

▶ 팔로-스루 샷을 할 때도 이러한 '풀어주기 타법'이 적용된다. 그래야만 큐 미스를 최소화하고 수구의 회전을 극대화시킬 수 있다.

▶ 예비 스트로크를 할 때부터 브리지를 풀어주는 연습을 하라. 그리고 큐를 잡은 손가락/손바닥(그립)을 조금씩 풀어라. 팔로-스루 시 자유롭게 스트로크할 수 있을 것이다.

고수들의 조언
Words From Above

큐를 쥐고 있는 매 순간마다
나는 최고라고 생각한다.

- W. C. 필즈(W.C Fields) -

마틴 선수의 스톱샷
Ray's Unique Dead Stop

▶ 〈그림 173〉에서 8번 공은 3~4미터 정도 굴려 놓고, 수구는 9번 공 바로 뒤에 멈춰 놓으려고 한다. 레이 마틴(Ray Martin) 선수는 이 샷을 편하게 성공시킨다.

▶ 이 테크닉을 습득하면 게임에서 승리할 확률이 높아진다. 특히 수구가 9번 공 바로 뒤에 붙어있을 경우 그렇다.

▶ 당점을 정 중앙에 두고 살짝 다운 스트로크하는 느낌으로 수구를 쳐라. 8번공은 빠른 스트로크로 다(1/1두께) 맞춰야 한다.

▶ 이 테크닉을 이용하면 수구가 1적구와 부딪힌 후에 거의 움직이지 않는다.

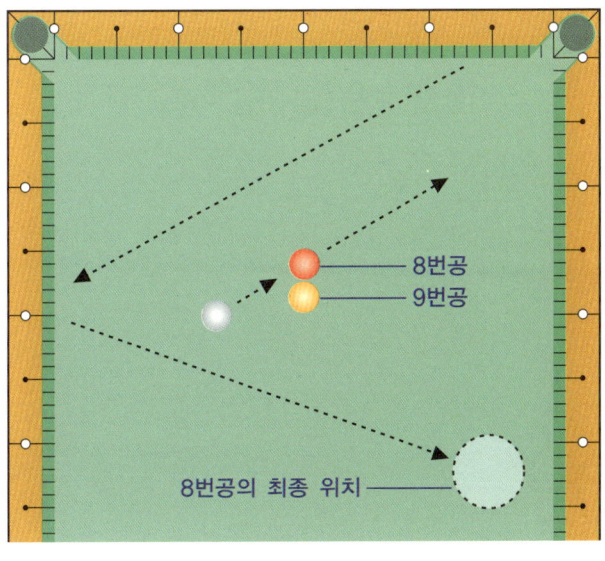

〈그림 173〉

고수들의 조언
Words From Above

당구 전문가들은 시스템을 적용한 샷은
당신이 생각하는 것보다
훨씬 성공률이 높다고 주장한다.
자신을 숙련된 교사라 생각하고
시스템에 도전해 보라.

— 조지 펠스(George Fels) —

팬샷[11]
The Florida Fan Shot

▶ 팬샷은 자주 등장하지만 대부분의 동호인들은 잘 시도하지 않는다. 이 테크닉을 적용하면 **각을 길게** 늘리고 키스를 피하는 데 기가 막힌 효과를 볼 수 있다.

▶ **캐로스 할론(Carlos Hallon)** 선수와 **빌 말로니(Bill Maloney)** 선수가 이 환상적인 테크닉에 대해 자세히 설명해 주었다.

1. 1적구가 팬(fan) 상태이다.
2. 스트로크는 아주 빨라야 한다.
3. 상당한 손목 움직임이 필요하다.
4. 예비 스트로크 또한 총알처럼 빨라야 한다.
5. 약간의 다운 스트로크가 필요하다.
6. 4시 방향 맥시멈 회전이 적용된다. 가능하다면 옆회전을 더 주어라.
7. 수구를 끌지 말고 전진시켜야 한다.
8. 샷은 약간 마세(masse)성을 띠어, 1적구에 맞기 전에 살짝 커브를 그린다.
9. 맥시멈 회전을 주어야 하므로 부드럽게 샷한다.
10. 낮은 브리지를 사용한다.
11. 방해물을 피할 수 있도록 자세를 교정하라.
12. 이 테크닉에서 가장 중요한 스트로크 감각을 찾기 위해 부단히 연습하라.

---

[11] 역주) 1적구를 스치듯 아주 얇게 치는 샷을 의미한다.

Billiard ATLAS

스리쿠션과 포켓볼(Shaw On Three Cushion & Pool)

작가이자 『포켓볼과 빌리어드(Pool and Billiard)』지의 공동 편집자인 **토마스 쇼우(Thomas Shaw)**는 당구 관련 서적, 비디오 수집광이기도 하다. 그는 자료를 구하기 위해 전 세계를 돌아다녔다. 그는 당구에 강한 열정을 가지고 있었고, 그의 잡지로 인해 모든 당구 동호인들 친구가 되었다.

다음은 그의 글에서 발췌한 것이다.

미국에서 포켓볼은 항상 쉽게 접할 수 있는 스포츠이지만, 스리쿠션은 마니아들의 스포츠이다.

여기에는 몇 가지 이유가 있다. 포켓볼 당구대는 8피트(2.4m) 정도의 게임용 사이즈-더 작은 것도 있다-로 축소시켜 이용할 수 있다. 또한 사람들은 각자의 취향에 따라 다양한 포켓볼 게임을 즐길 수 있다. 초심자나 활동적인 사람은 나인볼을, 단순한 사람은 14.1을, 전략을 좋아하는 사람은 원포켓을, 예술구를 좋아하는 사람은 뱅크풀(Bank pool)을 즐기곤 한다.

그리고 포켓볼은 승패를 눈으로 확인할 수 있다. 테이블 위에 공이 다 사라지면 경기가 끝나는 것이다.

이 외에도 여러 가지 이유를 붙일 수 있겠지만, 이 모두를 뛰어넘는 단 하나의 이유가 존재한다. 바로 스리쿠션이 포켓볼보다 난해하다는 것이다. 기하학(스리쿠션)이 구기 종목(포켓볼)보다 인기 있었던 적은 없다.

하지만 두 종목은 사촌 관계보다 더 가깝다. 스리쿠션 관련 지식은 많은 포켓볼 선수들이 풀지 못했던 문제들에 대한 답을 내려 주었다. 단지 스리쿠션 지식을 가진 사람이 너무 적을 뿐이다.

그 이유 중 하나가 바로 스리쿠션에 입문하자마자 느끼는 좌절감이다. 스리쿠션 게임의 핵심은 기하학과 물리학의 간단한 조합인 듯하다. 하지만 기하학은 뜻대로 적용되지 않는다.

초심자들은 자신이 뭔가 잘못하고 있다고 느끼고, 단지 게임 자체가 너무 어려워서 그런 거겠지 하고 치부해 버린다. 하지만 진정한 문제는 시스템에 있다.

수준급 포켓볼 선수라면 누구나 스리쿠션 선수를 미심쩍은 눈으로 바라본다. 포켓볼 선수들도 각에 관해서라면 누구보다 잘 알고 있기에 시스템은 부정확하다고 여기며, 스리쿠션 선수들이 경험에 따라 시스템을 '조정'하고 있다고 생각한다. 즉, 스리쿠션 선수들은 단지 감각에 따라 샷할 뿐이라는 것이다. 그리고 그 감각은 스리쿠션을 계속 다뤄본 사람만이 얻을 수 있는 것이다. 포켓볼 선수들은 다이아몬드 시스템을 거의 믿지 않는다.

이러한 포켓볼 선수들의 생각은 사실로 드러났다. **호프(Hoppe)**의 구 다이아몬드 시스템은 부정확하며, 선수들이 각각 개인의 경험과 '감각'에 따라 시스템을 조정하고 있었던 것이다.

만약 시스템이 100% 정확하다면, 수준급 스리쿠션 선수는 매 이닝 모두 득점에 성공해야 정상일 것이다.

월트 해리스(Walt Harris)씨는 시스템을 현실성있게 재구성하려고 노력했다. 그는 정확한 기준 시스템을 정립했으며, 이를 적용하는 데 있어서의 변수는 선수들 각자의 기술 뿐이다.

이러한 '정확한 시스템'은 스리쿠션 뿐만 아니라 포켓볼, 특히 프로 레벨의 포켓볼에서 다양하게 사용되고 있다.

정상급 프로 선수들이 모인 투어 경기에서 샷을 미스한다는 건 존재하지 않는다. 다만 디펜스를 위해 일부러 득점하지 않는 경우만 존재할 뿐이다. 프로급 경기에서 포지션 플레이의 중요성은 더욱 증대되었다. 현재는 어떤 선수든지 상대방에게 1쿠션 먼저치기, 아니 2쿠션 먼저치기 공까지도 주지 않으려 할 정도로 디펜스가 심하다. 고로 목적구를 맞추기 위해 3쿠션 이상 빈쿠션을 돌려야 할 정도로 상대방을 압박하는 기술이 요구된다. 이럴 경우 해리스의 시스템은 매우 유용하게 쓰일 것이며, TV 경기에서 선수가 결정적인 순간에 이 시스템을 적용해 샷을 성공한다 해도 우리는 더이상 놀라지 않을 것이다.

아마추어 경기에서도 시스템을 적용할 수 있다. 수구와 다른 공이 거의 붙어 있어 목적구가 보이지 않을 때나, 원포켓 게임에서 3쿠션을 돌려 자신의 포켓으로 수구를 보낼 때 등이 그러하다.

하지만 그 무엇보다도, 이 '정확한 시스템'은 스리쿠션이 너무 난해하다고 느끼는 선수들이 쉽게 스리쿠션에 입문할 수 있는 길을 열어줄 것이다. 정상급 프로 선수가 TV에 출연하여 자신은 디펜스에서 탈출하기 위해 '정확한 시스템'을 적용하였고, 이 시스템은 스리쿠션 지식에 기반한 것이라고 말하는 순간, 대부분의 나인볼 선수들은 스리쿠션을 연구하기 시작할 것이다.

정상급 프로 선수들은 나인볼 꿈나무들에게 14.1을 비롯한 다양한 포켓볼 게임을 두루 섭렵하는 동시에, 스리쿠션의 기초 역시 탄탄히 다져 놓으라고 조언해왔었다.

하지만 언제나 문제는 구 다이아몬드 시스템이었다. 이 시스템은 스리쿠션의 핵심인 듯 보였지만, 늘 좌절감을 안겨주곤 했다.

이제 여러분은 『빌리어드 아틀라스』를 접하게 되었고, 소개된 여러 시스템을 당구대 위에서 연습해 보았을 것이다. 각각의 시스템마다 일정한 시간을 투자하라. 자신의 스트로크와 잘 부합하는지 파악하면서 연구하라. 한 가지 시스템에 익숙해졌다면 다음으로 넘어가라. 만일 막히는 부분이 생기면 두세 번씩 들춰보기보다는 잠시 멈춰 두라. 그리고 다음 시스템에 더욱 집중하라.

여러분은 이 책에 소개된 여러 시스템을 섭렵함으로써 포켓볼 게임에서 엄청난 무기를 갖게 될 뿐 아니라, 스리쿠션 자체의 매력에도 푹 빠지게 될 것이다.

얼마 전까지만 해도 이 모든 시스템은 비밀리에 봉인되어 있었고, 이런 종류의 책이 출판된 적도 없었다.

- 토마스 쇼우(Thomas Shaw) -

시드 시스템의 응용(Sid's System)

오랫동안 봉인되었던 비밀이 점점 풀리고 있다. 이 페이지에서는 나인볼 게임에서 승리하기 위한 또다른 비기를 선보이려고 한다. 이 기술은 미국내 정상급 선수들에게서 전수받은 것이다.

〈그림 174〉에서 목적구는 사이드 포켓 바로 앞 까다로운 위치에 있다. 만일 이 샷에 실패할 경우 상대방에게 볼-인-핸드(ball-in-hand) 기회를 주게 된다.

시드의 시스템을 사용하면 이 난구를 간단히 해결할 수 있고, 다양한 다른 상황에 적용 가능하다.

1단계   1쿠션 먼저치기로 목적구를 사이드포켓에 넣을 수 있는 수구의 진로를 생각하라.
2단계   오른쪽 그림처럼 선을 그리고, 선과 교차하는 O쿠션과 P쿠션의 포인트를 확인하라.
3단계   O쿠션 지점(약 10)에 서서 수구의 옆면 목적구를 포켓시키고 지나갈 수 있는 선을 바라보라. 그 선의 N쿠션 지점은 3.0과 3.3 사이, 필자가 보기엔 3.1 정도로 보여진다. 익숙하지 않은 N쿠션의 수치를 다시 한번 확인하라. 3.1은 앞으로 계산에 사용될 수치이다.
4단계   수구의 선과 P쿠션의 교차점은 대략 C이다. P쿠션에서는 코너X에서 1포인트 떨어질 때마다 3.1씩 증가한다.
5단계   C는 코너X에서 3포인트 떨어져 있으므로 3×3.1은 9.3이 된다.
최 종   1쿠션(O쿠션)의 9.3을 겨냥하라. 1쿠션의 수치는 0부터 40까지임을 다시 한번 확인하라.

※ 만일 수구 수가 B일 경우 N쿠션 지점은 3.5정도로 변경된다. B는 코너X에서 3.5가량 떨어져 있으므로 1쿠션 지점은 2×3.5=7이 된다. 고로 O쿠션의 7을 겨냥하라.

여기서 스트로크가 매우 중요하다. 옆회전은 전혀 주지 않는 상태에서 뱅킹할 때처럼 수구를 부드럽게 굴려라. 브리지는 짧게, 당점은 약간 상단을 주는 것이 좋다.

돈 피니 선수는 오른쪽 그림과 같은 배열에서 시스템의 효과는 타의 추종을 불허한다고 말한다.

※ 24~29페이지를 참고하라.

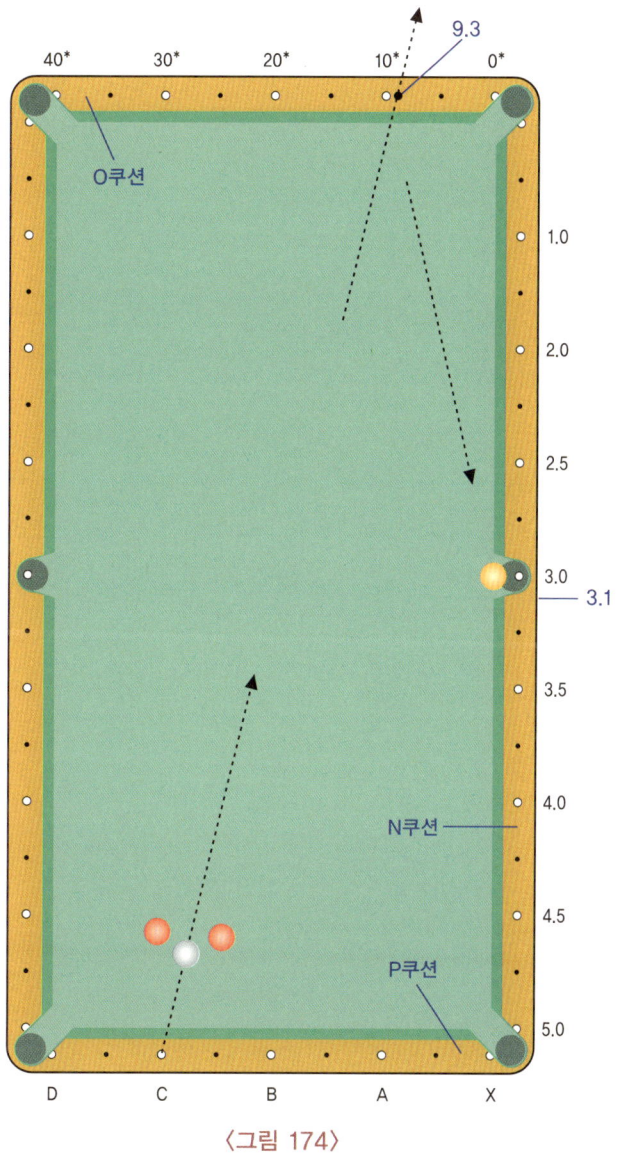
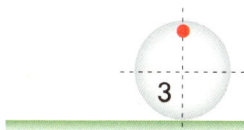

〈그림 174〉

시드 시스템의 응용

플러스 시스템의 응용(Walt's Basic Plus System)

프로 선수들의 또다른 비법을 공개한다. 이 시스템을 하나씩 배워 암기해 나간다면, 당신의 플레이는 정상에 한걸음씩 다가갈 것이다.

수구 수 10(M쿠션)에서 X를 향했을 때 수구의 변화폭은 35이고, 45(M쿠션)를 향해 되돌아온다.

수구 수 40에서 X를 향했을 때 수구의 변화폭은 20이고, 60을 향해 되돌아온다.

20-X 트랙에서 1쿠션 지점은 10이고, 40-X 트랙에서 1쿠션 지점은 5이다.

예 만일 10(N쿠션)에서 60(M쿠션)으로 보내고자 한다면, 40-X선을 이용하면 된다.

만일 수구 수가 10(M쿠션) 부근일 경우, '벽의 한 지점' 시스템을 사용할 수 있다. 40-X선에 연장선을 그어 벽이나 의자와 만나는 지점을 바라보라. 그 지점은 당구대에서 3m 정도 떨어진 곳이 될 것이다. 바로 이 지점이 수구 수 10에서의 새로운 겨냥점이 된다.

로버트 번 선수가 특히 이 시스템을 좋아했으며, 실전에서 사용하기도 했다.

※ 82페이지를 참고하라.

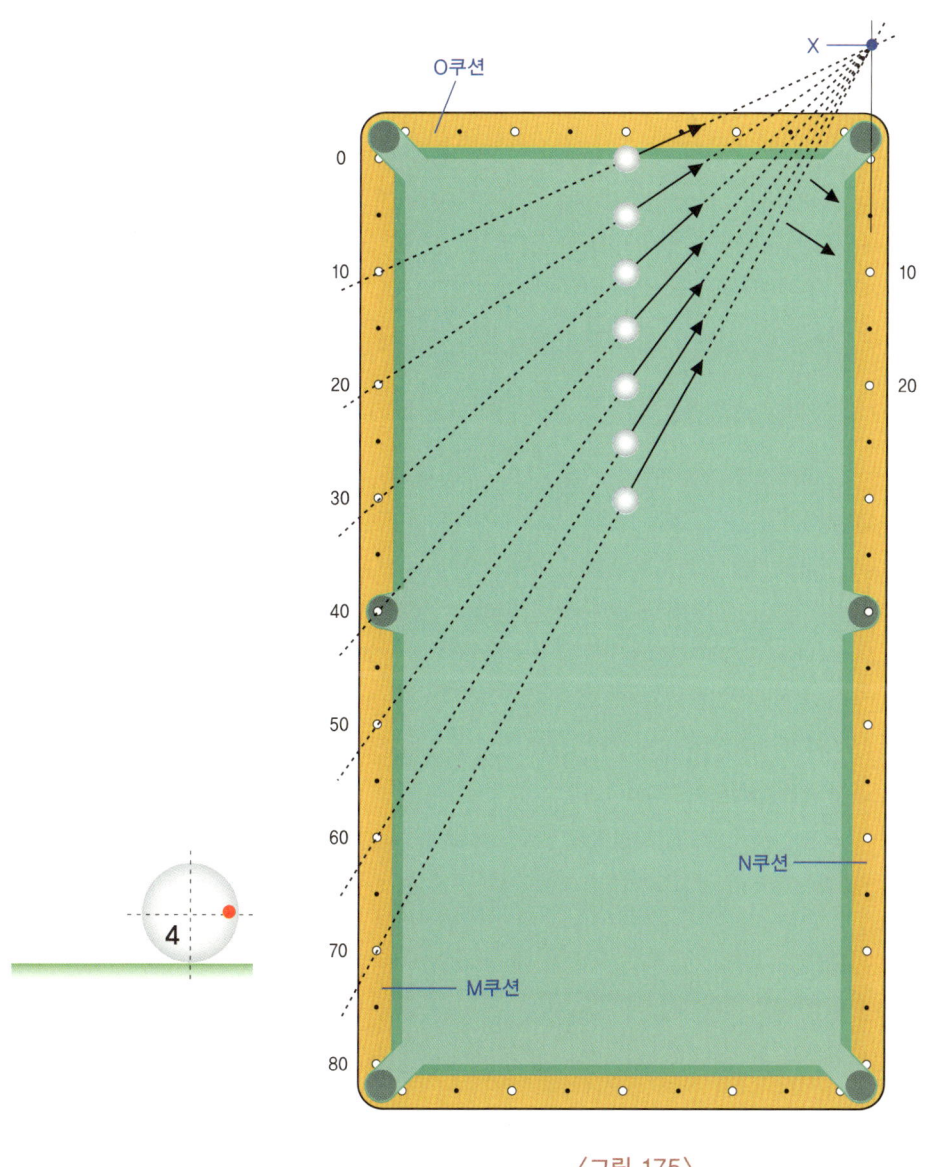

〈그림 175〉

시카고 엔드레일 시스템의 응용(Chicago End Rail System)

포켓볼이나 스리쿠션 선수들 대부분은 그들 부부관계의 비밀은 말해줄지언정 시스템에 관한 비법은 좀처럼 설명해주지 않으려고 한다. 이제부터 소개할 내용은 나인볼 게임에서 승리하기 위한 또다른 비법이다. 이 비법은 미국내 정상급 선수들에게 전수받은 것이다.

〈그림 176〉에서처럼 당신은 공 3개만을 남겨둔 상태이고, 9번 공을 포켓시키기가 매우 까다로운 위치에 있다고 가정하자. 1적구 역시 맞추기에 어려운 위치에 있으며, 이 샷을 미스하게 되면 상대에게 볼-인-핸드(ball-in-hand) 기회를 주게 된다.

시카고 시스템을 사용하면 이 난구를 간단히 해결할 수 있고, 다양한 다른 상황에 적용 가능하다.

1단계 2쿠션 먼저치기로 1적구를 안으로 걸어 맞춘 후에 9번 공으로 향하는 수구의 진로를 생각하라.
2단계 오른쪽 그림처럼 선을 그리고, 선과 교차하는 N쿠션과 M쿠션의 포인트를 확인하라.
2단계 N쿠션 지점(약 10)에 서서 수구의 옆면이 O쿠션과 부딪히는 선을 바라보라. 그 선의 O쿠션 지점은 3.0정도로 보인다. 익숙하지 않은 N쿠션의 수치를 다시 한번 확인하라. 3.0은 앞으로 계산에 사용될 수치이다.
2단계 수구의 선과 M쿠션의 교차점은 대략 C이다. M쿠션에서는 코너X에서 0.5포인트 떨어질 때마다 3.0씩 증가한다.
2단계 C는 코너X에서 1.5포인트 떨어져 있으므로 3 X 3.0은 9.0이 된다.
최 종 1쿠션(N쿠션)의 9.0을 겨냥하라. 1쿠션의 수치는 0부터 40까지임을 다시 한번 확인하라.

※ 만일 수구 수가 G일 경우 7×3=21이고, 따라서 1쿠션 지점은 21이 된다. 0.5포인트 단위로 계산하려면 집중력이 더욱 요구되는데, 몇 번 연습해 보면 금방 익숙해질 것이다.

여기서 스트로크가 매우 중요하다. 옆회전은 전혀 주지 않는 상태에서 뱅킹할 때처럼 수구를 부드럽게 **굴려라**. 브리지는 짧게, 당점은 약간 상단을 주는 것이 좋다.

조지 펠스 선수는 "많은 선수들이 혼란을 겪는 건 수구의 진행 방향을 예측할 수 없기 때문이다. 시카고 시스템은 이 문제를 해결하는 데 많은 도움이 될 것이다."라고 주장했다.

※ 30~33페이지를 참고하라.

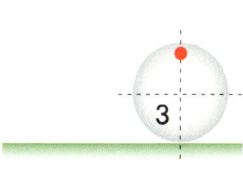
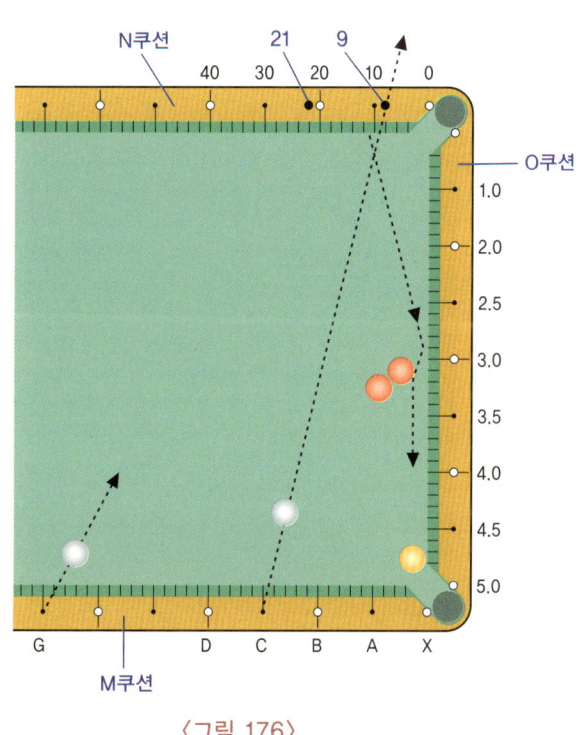

〈그림 176〉

버니 시스템의 응용(Bernie's System)

시스템에 관한 비밀은 정상급 선수들의 사이에서만 공유되어 왔고, 각 선수들은 25~30개의 시스템을 숙지하고 있었다.

버니 시스템은 스리쿠션은 물론이고 나인볼, 원포켓 등 여러 게임에서 당신을 승리로 이끌어 줄 것이다.

만일 당신이 실전에서 버니 시스템을 적용해 보고 몇 가지 사항을 추가적으로 보완한다면, 경기력 향상에 큰 도움이 될 것이다.

〈그림 177〉에서처럼 목적구는 맞추기에 매우 까다로운 지점에 위치해 있으며, 9번 공과 프로즌 상태에 있다고 가정하자. 만일 이 샷을 미스한다면 상대방에게 볼-인-핸드(ball-in-hand) 기회를 주게 된다.

간단한 버니 시스템으로 이 난구를 해결할 수 있다. 몇 번만 연습해보면 버니 시스템에 사용된 수치에 익숙해질 것이다.

그림에서 1쿠션 지점(O쿠션)의 수치는 수구 수인 60(M쿠션)에서 3쿠션 지점인 30(P쿠션)을 뺀 값이다.

수구 수를 찾는 방법은 일단 M쿠션 70지점을 표시해 놓고 30(3쿠션 지점)을 빼 본다. 70-40(1쿠션 지점)선이 수구와 교차하는지 확인하라. 그렇지 않을 경우 M쿠션 60지점에서 같은 과정을 되풀이한다. 수구 수를 찾을 때까지 이 과정을 반복한다.

여기서 스트로크가 매우 중요하다. 옆회전은 전혀 주지 않는 상태에서 뱅킹할 때처럼 수구를 부드럽게 굴려라. 브리지는 짧게, 당점은 약간 상단을 주는 것이 좋다.

돈 피니 선수는 이 시스템이 송곳처럼 정확하다고 감탄했다.

※ 66~67페이지를 참고하라.

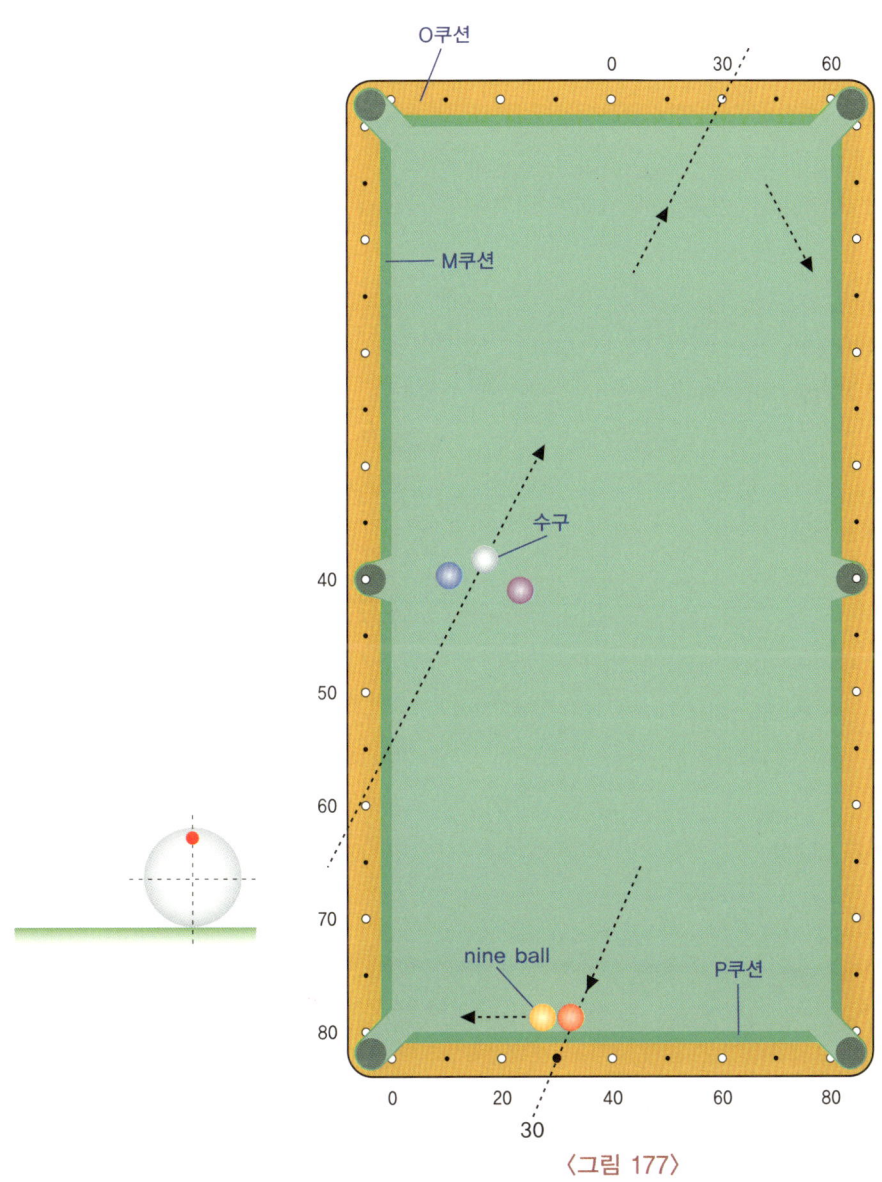

〈그림 177〉

찾아보기(용어)

공쿠션치기 170-171
구멍치기 22-25, 30-33, 41-49, 168
기준선 104-123, 126-128, 132, 196

나인볼 196-199, 208, 210, 212

다이아몬드 시스템 97-145
더블쿠션 149-155
데드볼 시스템 21-35, 39
드로샷 74-77, 79, 93, 189

롱앵글 시스템 51-61
리버스 시스템 68-71

밀어치기 182-183, 189

범프샷 46, 184-185

쇼트앵글 시스템 51, 62-65, 72-73, 76-77, 79
시애틀 키드 58, 126-127, 132-145
시카고 엔드레일 시스템 30-33
시카고 레일 퍼스트 시스템 159-169, 173

엄브렐라 시스템 66-67

엔드레일 시스템 131-145
오차 조정 58, 126-127, 132, 145
원쿠션 걸어치기 159-169, 173

조단선 86-87, 92

키스 175-188

팬샷 193
포지션 175-177, 187
플러스 시스템 81-92, 94

찾아보기(인물)

달러스 웨스트 79, 189
돈 피니 21, 39
딕 라공글 36-37, 155

레이 마틴 173, 191
로버트 번 129
리차드 비탈리스 48-49, 51, 70-71, 149, 156, 186

마이크 도넬리 36, 170-171
멀 스미스 175, 182-183

밥 다니엘스 187
버니 위센그라드 34-35, 51, 66-67
빌 말로니 41, 46-47, 193
빌리 스미스 150-151

시드 배너 22-31

웰커 코크란 175-177
이라 설리반 72
이상천 51, 72-77, 175, 178-181, 184

조 벤트렐리 62-63, 94
조지 애스비 68-69

조지 펠스 157, 192

칼 스트라스버거 149
캐로스 할론 93, 152-153, 187, 193
크리스 크리스만 147

토마스 쇼우 146, 196-199

호프 132, 197

용어 정리

Average(에버리지)
선수의 1이닝 평균 득점

Cousion(쿠션)
당구대의 가장자리를 둘러싸고 있는 경계. 공이 튕겨져 나오는 부분. 레일(Rail)이라고도 부른다.

English(잉글리시/당점)
공을 스트로크할 때 수구에 주는 회전

Draw(드로)
수구의 아랫부분을 스트로크했을 때 나타나는 회전

Follow(팔로)
수구가 목적구를 맞고 나서 계속 앞으로 구르는 회전

Kiss(키스)
득점 실패의 원인이 되는 두 공의 우발적 부딪힘

Masse(마세)
큐의 뒷부분을 위로 들어 수구를 내리찍는 샷

Position(포지션)
다음 샷을 쉽게 풀어낼 수 있도록 수구와 목적구를 배치하는 것

Reverse-English(리버스-잉글리시/역회전)
수구가 쿠션을 맞고 진행하는 방향과 반대 방향의 회전

Reverse-the-rail(더블레일)
수구가 첫 번째 쿠션-두 번째 쿠션-다시 첫 번째 쿠션을 맞고 3쿠션 득점에 성공하는 샷

Running English(러닝 잉글리시)
수구가 쿠션에 맞은 후 회전력이 살아나는 것

Saftey(디펜스)
득점엔 실패하더라도 상대방에게 어려운 뒷공을 주는 것

Short rail(단축)
쿠션의 짧은 축. 길이는 장축의 1/2이다.

Shot(샷)
득점하려는 시도

Skid(스키드)
당점을 아래 주었을 때 일정한 거리만큼 회전을 멈추는 경우

Slide(슬라이드/미끌림)
쿠션이나 공이 새것일 경우 공이 보다 넓은 각으로 반사되는 것

Ticky(구멍치기/쿠션 안으로 걸어치기) : 수구가 같은 쿠션을 2번 맞고 3쿠션 이상을 성공시켜 득점하는 경우

Track(선)
예상 가능한 수구의 진로

Umbrella(엄브렐라)
수구가 1적구에 맞기 전에 2쿠션 이상 먼저 맞추는 샷

– 위의 내용 중 대부분은 『당구 용어 사전(Illustrated Encyclopedia of Billiards)』에서 발췌한 것입니다. 이 책의 저자는 마이크 샤모스(Mike Shamos)입니다. 반드시 암기하기 바랍니다. –

번역 용어

Adjustment 조정
Alignment 교정 / 교정선
Allowance 오차 조정 / 조정값
Basic Track 기준 트랙
Cue Ball Movement / Behavior 수구의 움직임
Cue Ball Spin 수구의 회전
Cue Ball Origin / Cue Ball Number 수구의 시발점 / 수구 수
English 당점 / 회전
Manipulate 조절
Natural angle 자연각
Path (수구의) 진로/ 진행 방향
Rail Speed 수구의 속도
Safety 디펜스
Shot Selection 초이스
Shift 전환
Skid 미끄러짐
Slide 미끌림
Spread 변화폭
Tickie 구멍치기 / 안으로 걸어치기
Track 트랙 cf) Line : 라인 / 선
Value 수치 cf) Number : 수(數) / 숫자

스트로크의 4종류

Follow-through stroke 팔로-스루 스트로크 / 밀어치기
Jab stroke 잽 스트로크 / 끊어치기
Stop stroke 스톱 스트로크 / 멈춰치기
Forward-reverse stroke 포워드-리버스 스트로크 / 잡아치기(큐를 전진시켰다 뒤로 뺌)

저자 후기

독자 여러분의 경기력 향상에 어떤 시스템이 도움이 될지 장담할 수 없지만, 롱앵글 & 쇼트앵글 시스템을 습득하면 즉시 효과를 볼 수 있을 것입니다.

다음으로 유용한 시스템이 플러스 시스템인데, 빈쿠션치기에는 다소 어려움이 있지만 플러스 각을 계산하는 경우엔 톡톡히 효과를 볼 수 있습니다.

상대방의 디펜스를 넘어서려면 정확한 빈쿠션치기는 필수입니다. 고로 '기준 트랙' 시스템은 반드시 암기해야 할 사항입니다.

이 모든 시스템을 소화하는 데는 시간이 걸릴 테지만, 한번 습득하고 나면 그 정확성에 여러분 자신도 놀랄 것입니다.

부탁의 말

이 책에서 소개한 내용은 당구 전반에 걸쳐 사용되는 시스템 중 일부만을 담아낸 것입니다.

특히 필자는 공을 다루는 기술보다는 쿠션 시스템에 더욱 주안점을 두었는데, 시스템을 전혀 사용하지 않는 선수들이 보다 흥미를 가지고 접할 수 있을 것 같았기 때문입니다.

필자는 본저에 관한 교정, 건의사항, 코멘트 등을 기꺼이 받고자 합니다.

필자의 주소는 P.O. Box 321426, Cocoa Beach, Florida 32932-1426입니다.

추천의 글

"『빌리어드 아틀라스』는 저의 스리쿠션 경기력 향상에 큰 도움이 되었습니다. 몇 가지 스리쿠션 테크닉을 포켓볼에도 접목시켜 보았는데, 제가 다니는 당구장에서 큰 반향을 일으켰습니다."

— 마이클 이암 샤모스, 박사, 빌리어드 기록 보관소 소장.

"『빌리어드 아틀라스』에 소개된 수준 높은 정보에 관한 호평이 쏟아지고 있습니다. 다시 한 번 노고에 진심으로 감사드립니다."

— 이나 바스킨, 빌리어드 도서관

"매우 흥미로운 책입니다."

— 리처드 비타릴스, 프랑스 스리쿠션 챔피언

"미국에서 스리쿠션 게임이 끝까지 살아 남는다면, 가장 큰 공은 당신입니다. 경기력 향상을 원하는 모든 선수들이 당신에게 감사해 하고 있습니다. 건승하십시오!"

— 조 다이밋... 글렌 엘린, 일리노이 주

"스리쿠션에 대해 배우고 싶다면, 『빌리어드 아틀라스』를 공부하십시오."

— 조지 애스비, 전미 스리쿠션 챔피언(8회)

"USBA 토너먼트 중 『빌리어드 아틀라스 2권』에 소개된 내용 두 가지를 적용해 보았고, 북부 캘리포니아와 태평양 북서부 쪽 정상급 선수들이 참가한 16강 경기에서 1위를 차지할 수 있었습니다."

— 대럴 스터스만... 타코마, 워싱턴 주

"당신의 책은 당구에 관한 가장 큰 즐거움을 제게 선사해 주었습니다. 경기에서 승리하는 것도 기쁘지만, 당구의 원리를 하나씩 배워나갈 때 저는 가장 즐겁습니다. 바로 이런 점에서 당신의 책이 큰 도움이 되었습니다. 잠시 제 자랑을 좀 하자면...『빌리어드 아틀라스』를 읽고 나서 제 하이런 기록이 8에서 12로 상승했습니다. 물론 모든 게 당신 덕분은 아니겠지만, 도움이 된 건 확실합니다."

— 론 세이츠... 웨스트 포인트, 콘월, 뉴욕 주

"『빌리어드 아틀라스』는 매우 귀중한 정보를 담고 있습니다. 저는 책에서 배운 내용을 스리쿠션보다 포켓볼에 더 많이 적용해 보았습니다"

— 존 G 빌스 주니어.... 샌디에고, 캘리포니아 주

"당구계에 남긴 당신의 업적에 경의를 표합니다."

— 대럴 마티뉴... 엘크 그루브, 캘리포니아 주

"『빌리어드 아틀라스』는 훌륭한 책입니다."

— 캐로스 할론, 전미 3쿠션 챔피언(3회)

"제가 30여 년 동안 스리쿠션과 포켓볼을 치면서 고전이라 불리는 모든 책들을 읽어 보았지만, 『빌리어드 아틀라스』만큼 재밌는 책을 보지 못했습니다. 10권까지 출판되었으면 좋겠습니다."

— 레시안 프린스.... 세리단, 오레곤 주

"『빌리어드 아틀라스』엔 수만 가지의 비기가 숨어 있습니다. 빨리 3권이 출판되었으면 좋겠습니다."

— 프랭크 리프니스키... DDS, 필라델피아, 펜실베니아 주

시스템과 테크닉에 관한 연구
BILLIARD ATLAS
빌리어드 아틀라스
❶

- **저 자** 월트 해리스
- **역 자** 민 창 욱
- **발행자** 남　　용
- **발행소** 일신서적출판사

주 소 : 121-855 서울시 마포구 신수동 177-3
등 록 : 1969. 9. 12.(No. 10-70)
전 화 : 영업부 (02)703-3001~5
FAX : 영업부 (02)703-3009

ⓒ 월트 해리스
ISBN 978-89-366-0967-X　　16-1

※ 이 책의 한국어판 저작권은 저자와의 독점계약에 의하여 본사에 있습니다. 한국 내에서 보호를 받는 저작물이므로 무단 전재와 무단 복제는 법적 처벌의 대상이 됩니다.